ओमप्रकाश वाल्मीकि का अंतिम संवाद

ओमप्रकाश वाल्मीकि का अंतिम संवाद

भंवरलाल मीणा

राजपाल

ISBN : 9789386534767

प्रथम संस्करण : 2019 © भंवरलाल मीणा
OMPRAKASH VALMIKI KA ANTIM SAMVAD (Memoirs)
by Bhanwarlal Meena

राजपाल एण्ड सन्ज़

1590, मदरसा रोड, कश्मीरी गेट, दिल्ली-110006
फोन : 011-23869812, 23865483, 23867791
e-mail : sales@rajpalpublishing.com
www.rajpalpublishing.com
www.facebook.com/rajpalandsons

भूमिका

ओमप्रकाश वाल्मीकि पहले दलित लेखक थे जिन्हें व्यापक पाठक मिले। अपनी आत्मकथा *जूठन* से पहले भी वे रचनाशील थे किन्तु *जूठन* ने उन्हें अखिल भारतीय स्वीकृति और कीर्ति प्रदान की। जीवन के अंतिम डेढ़-दो सालों तक कैंसर से लड़ने के बाद 17 नवम्बर 2013 को उनका देहावसान हो गया। उनका जन्म 30 जून 1950 को मुज़फ़्फ़रनगर (उत्तर प्रदेश) के गाँव बरला में हुआ था। आत्मकथा *जूठन* के अलावा उनकी प्रमुख किताबें हैं— *सलाम, घुसपैठिये, छतरी और 10 प्रतिनिधि कहानियाँ* (कहानी संग्रह), *अब और नहीं, सदियों का संताप, बस बहुत हो चुका और प्रतिनिधि कविताएँ* (कविता संग्रह) तथा *सफ़ाई देवता, दलित साहित्य का सौन्दर्यशास्त्र और दलित साहित्य: अनुभव, संघर्ष एवं यथार्थ* (वैचारिक लेखन)। इनके अलावा जे एन यू के प्राध्यापक डॉ. रामचंद्र के सम्पादन में उनसे लिए गए साक्षात्कारों का एक संचयन भी आया था। *जूठन* हिन्दी की पहली दलित आत्मकथा मानी जाती है, सम्भव है कि तथ्य इसकी गवाही न दे पाते हों तब भी हिन्दी साहित्य में *जूठन* की बड़ी जगह बनी रहेगी। अपनी प्रसिद्ध आत्मकथा *जूठन* का दूसरा भाग वे तैयार कर गए थे जिसका प्रकाशन उनके निधनोपरांत हो पाया।

वाल्मीकि जी के लेखन का महत्त्व इस बात में है कि वह अस्मिता का आग्रह स्वीकारने पर भी अस्मिता की बैसाखी का मोहताज़ नहीं है। दूसरी बात यह कि कोई लेखक अपने समय और समाज के तमाम अंतर्विरोधों से टकराकर ही यथार्थ की सृष्टि कर सकता है और वाल्मीकि जी का लेखन इसका गवाह है। 'सलाम' कहानी में दलित बच्चे के साम्प्रदायिक आग्रह हों या 'शवयात्रा'

में जातीय घृणा के दुखद चित्र, उन्होंने अंतर्विरोधों को छिपाने के स्थान पर उन्हें ठीक से बाहर निकालने का ज़रूरी काम किया। वाल्मीकि जी यह भी जानते थे कि केवल विषयवस्तु के आग्रह पर कोई रचनाशीलता दीर्घायु नहीं हो सकती जब तक उसमें वास्तविक कला मूल्य न हों। उनका तीसरा और आखिरी कहानी संग्रह *छतरी* इस बात का प्रमाण है। इस संग्रह की शीर्षक कहानी दलित कहानी के इतिहास में ही नहीं अपितु हिन्दी कहानी के इतिहास में भी जगह बनाने योग्य रचना है। असल में निजी लेखन के साथ वे स्वभावत: आंदोलनधर्मी थे, उनका रंगमंच से जुड़ाव इसी बेचैनी से उपजा था। उधर वे अकादेमिक बहसों को भी बारीकी से देखते रहे थे और साहित्य में सौंदर्य के सवाल पर उन्होंने आगे बढ़कर जवाब दिया जो *दलित साहित्य का सौंदर्यशास्त्र* जैसी किताब के द्वारा आया। यह किताब आज भी दलित साहित्य के अध्ययन के लिए एक अनिवार्य टेक्स्ट है और इसकी खूबी विचार के साथ-साथ इसकी बहुत सुगम भाषा होना है। उनकी कविताएँ दलित पीड़ा, बेचैनी और संघर्ष का सबसे तीखा साहित्य रूप हैं—मेरी पीढ़ी ने अपने सीने पर/खोद लिया है संघर्ष/ जहाँ आँसुओं का सैलाब नहीं/ विद्रोह की चिंगारी फूटेगी/ जलती झोपड़ी से उठते धुएँ में/ तनी मुट्ठियाँ/ नया इतिहास रचेंगी।

उदयपुर में हुए एक आयोजन में उन्हें बुलाया गया था और तब उनसे मेरी पहली मुलाक़ात हुई थी। इसके बाद उनसे संवाद बढ़ता गया। वे अपने लेखन पर उन प्रतिक्रियाओं की अधिक उत्सुकता से प्रतीक्षा करते थे जो प्रशंसा में नहीं होती थीं। जब मैंने उन्हें बताया कि गाँधीजी की संस्था हरिजन सेवक संघ से जुड़े रहे एक बुजुर्ग को मैंने *जूठन* पढ़ने के लिए दी है तो उन्होंने आग्रह किया कि उनकी प्रतिक्रिया जानना बहुत ज़रूरी है क्योंकि वह मेरे लेखन पर सबसे सही टिप्पणी होगी। मैंने कहा कि वे तो गाँधीवादी और सवर्ण हैं तब उनका कहना था कि मेरे पाठक केवल दलित होंगे तब मेरे लिखने का क्या अर्थ रह जाएगा ? ठीक ही तो कहा था वाल्मीकि जी ने और ध्यान से देखा जाए तो दलित जीवन पर केंद्रित होने पर भी उनका तमाम लेखन मूलत: भारतीय समाज में फैले अन्याय, शोषण और पाखण्ड के विरुद्ध एक सजग रचनात्मक प्रतिक्रिया है, जिसे केवल दलित लेखन कहना इसका अवमूल्यन होगा। उनकी कहानी

'पच्चीस चौका डेढ़ सौ' याद आती है जो भारतीय समाज में शोषण के अंतहीन स्तरों का बयान बन गई है। वाल्मीकि जी इन शोषणों को तब भी देखते थे जब सिर्फ़ वर्ण या धर्म के आधार पर ही इनकी उत्पत्ति न हो रही हो।

वे भारत सरकार के आयुध कारखाने वाले विभाग में काम करते थे और सेवानिवृत्ति के बाद शिमला के उच्च अध्ययन संस्थान में चले गए थे। वहीं कैंसर का पता चलने पर वे इलाज के लिए दिल्ली आ गए। इसके बाद लगातार उनसे संवाद होता रहा और सारी परेशानियों और तकलीफ़ों के बावजूद उन्होंने अपना उत्साह क्षीण नहीं पड़ने दिया था। आख़िरी मुलाक़ात में उन्होंने मुझे बताया था कि दलित विमर्श का आग्रही होने और ब्राह्मणवाद का विरोध करने के कारण मान लिया जाता है कि मैं सवर्ण विरोधी हूँ। जब जूठन का दूसरा भाग आयेगा तब तुम देखोगे कि इसमें मैंने हमारे इसी समाज के सवर्ण किन्तु मानवीयता से भरे कितने लोगों को पहचाना है। उनके लिए इन कठिन दिनों में वामपंथी लेखक अशोक कुमार पाण्डेय ने अभियान चलाकर राशि एकत्र की थी और रवींद्र कालिया के व्यक्तिगत प्रयासों से भारतीय ज्ञानपीठ ने बड़ी आर्थिक मदद उनके लिए भिजवाई थी, जिससे उन्हें कैंसर के इस लंबे और यातनाप्रद दौर से लड़ने में यत्किंचित राहत मिली। इसी आख़िरी मुलाक़ात में मैंने उन्हें तब नयी-नयी छपकर आई उनकी किताब *10 प्रतिनिधि कहानियाँ* की पहली प्रति दी। और तब किताब देखते हुए उनके चेहरे पर आई मुस्कान मेरे जीवन के सबसे सुन्दर क्षणों में है। यह मुस्कान एक ऐसे लेखक की कहानी बता रही थी जिसे प्रकाशकों के अभाव में स्वयं अपनी किताब छापनी और बेचनी पड़ी थी। यह संघर्ष बहुआयामी था, जिसने अंततः वाल्मीकि जी को लेखन में उनके सही स्थान तक पहुँचाया।

यह सुदीर्घ साक्षात्कार मेरे प्रिय विद्यार्थी भंवरलाल मीणा ने लिया था। उन्होंने इस साक्षात्कार के लिए जाने का पूरा वृत्तांत लिखा है। वाल्मीकि जी के जीवन का अंतिम साक्षात्कार होने से इसका महत्त्व माना जा सकता है तथापि इस साक्षात्कार में वाल्मीकि जी की आत्मस्वीकृतियाँ और विमर्शवादी आग्रहों से ऊपर उनके व्यापक सरोकारों का पता चलता है। हिन्दी में यह कथेतर विधाओं का समय है और ऐसे में दलित साहित्य से जुड़ी यह कृति परिदृश्य में व्यापक

चर्चा का उद्योग कर सकेगी, ऐसी आशा है। कैंसर से जूझ रहे वाल्मीकि जी के कठिन दिनों में भंवरलाल मीणा उनके साथ रहे और उनसे बात करते रहे, यह तथ्य मेरे अध्यापकीय जीवन के सबसे गौरवशाली बिंदुओं में है। मैं भंवरलाल मीणा के अभ्युदय की कामना करता हुआ पाठकों से अनुरोध करता हूँ कि जिस समतामूलक समाज का स्वप्न बाबा साहब अम्बेडकर ने दिया था और वाल्मीकि जी का समूचा लेखन जिस स्वप्न का रचनात्मक विस्तार है, उसे पूरा करने के लिए हम सब कटिबद्ध हों।

6 दिसंबर 2018
(बाबा साहब परिनिर्वाण दिवस)

—**पल्लव**
हिन्दू कॉलेज, दिल्ली

संवाद से पहले

19 नवंबर 2012 : गणपत, नूरजहाँ और मैं लंच कर रहे थे। गणपत के फ़ोन पर पल्लव जी का फ़ोन आया। ''ओमप्रकाश वाल्मीकि सर गंगाराम अस्पताल के कैंसर वार्ड में भर्ती हैं, उनके पास जा सकोगे ? और जा रहे हो तो कहो...जितना जल्दी हो सके चले जाओ। आज उनके साथ में रुकने वाला कोई नहीं है।'' उन दिनों गणपत किसी प्रोजेक्ट पर काम कर रहा था। अब वाल्मीकि जी से मिलने की इच्छा पूरी होने जा रही थी। जल्दी से तैयार हुआ, बैग लिया, उसमें एक चद्दर डाली, एक डायरी ली और जेएनयू के बाहर से बस लेकर मुनीरका और वहाँ से हौज़ खास की मेट्रो के लिए बस पकड़ ली। करीब एक घंटे बाद मैं करोलबाग मेट्रो स्टेशन पर उतर गया। पहली बार वाल्मीकि जी के बारे में उदयपुर में हुए महावीर समता सन्देश लेखक सम्मेलन मैं सुना था। ये 2005 के दिन थे जब मैं एम. ए. कर रहा था। उसके बाद जब में वर्धा गया था, एम. फिल. करने के लिए तब। एम. फिल. 2006 में 'साहित्य और विचारधारा' नाम का एक प्रश्नपत्र था, जिसे पढ़ाने के लिए पी.एन. सिंह आए हुए थे। उन्होंने अपने व्याख्यान के दौरान वंचित अस्मिताओं के बारे में बातचीत की, जिसमें जूठन की चर्चा की थी। उस दौरान मराठी भाषी क्षेत्र में हिन्दी की पुस्तकें प्राप्त करने की एकमात्र जगह नागपुर का 'खन्ना बुक स्टोर' था। वहाँ से जूठन की प्रति प्राप्त की और बिना किसी अंतराल के पढ़कर पूरी की। उस समय मुझे लेखक की पीड़ा से रू-ब-रू होने का मौका मिला, इसी पर एम. फिल. का शोध प्रबंध लिखा। इस शोध प्रबंध में वाल्मीकि जी का एक साक्षात्कार शामिल करना था, पर कोई अवसर नहीं मिला था। आज वह अवसर मिलने जा रहा था। करोलबाग मेट्रो

स्टेशन पर उतरने के बाद पूछताछ करने लगा, इस क्षेत्र के लिए नया था। इतने में रिक्शेवाले की आवाज़ सुनी, ''गंगाराम अस्पताल।'' मन में था कि वे बीमार हैं। उनसे ज़्यादा बातचीत करना ठीक रहेगा या नहीं, क्या कहकर परिचय दूँगा आदि बातें मन में चल रही थीं। फिर पल्लव जी का ध्यान आया कि...तुम्हारे बारे में बता दिया है। चले जाना, वे पहचान लेंगे, कोई परेशानी नहीं होगी। फिर भी मेरे मन में थोड़ी-सी घबराहट थी कि पहली बार एक बड़े लेखक से मिलने जा रहा हूँ। जिनके लेखन से हिन्दी दलित साहित्य की शुरुआत मानी जाती है। रिक्शे से उतरकर सर गंगाराम अस्पताल के प्रवेश द्वार पर पूछा तो बताया गया कि कैंसर वार्ड सेकेंड फ़्लोर पर है। मैं बिना समय गंवाए वहाँ पहुँचा, कमरा नम्बर 1275 ए में। वाल्मीकि जी बैठे लंच कर रहे थे और पास में सोफ़े पर चंदा जी बैठी थीं। मैंने परिचय दिया, उन्होंने आत्मीयता से कहा, ''हाँ, आपके बारे में पल्लव जी ने बताया था। हम आपका ही इंतज़ार कर रहे थे।'' फिर उन्होंने बैठने के लिए बोला। मैं चंदा जी के पास सोफ़े पर बैठ गया। लंच के लिए पूछा तो मैंने कहा, ''आपके पास आने के लिए जब फ़ोन आया था, उस समय लंच ही कर रहा था।'' कैंसर वार्ड का यह कमरा जहाँ पर तीन बेड लगे हुए थे, 1275 ए. बी. सी, काफ़ी साफ़-सुथरा था। कमरे के अंदर प्रवेश करते समय दाईं ओर टॉयलेट था और सी बेड के पास में दीवार पर एलसीडी लगी हुई थी, जहाँ से तीनों बेड के मरीज़ आराम से टीवी देख सकते थे और कमरे के बाहर जाते समय बाईं ओर थोड़ी दूरी पर मरीज़ों को अटेण्ड करने वाली नर्सों की डेस्क थी। वाल्मीकि जी आराम से लंच कर रहे थे, सलाइन लगी हुई थी। बातचीत में वाल्मीकि जी ने बताया कि वे देहरादून से टैक्सी की छह घंटे की यात्रा करके आए हैं, काफ़ी थकान भी हुई है। वे लंच के बाद बेड पर लेट गए। चंदा जी को भी आराम की ज़रूरत थी। वे दिल्ली में किसी रिश्तेदार के यहाँ चली गईं। मैं सोफ़े पर बैठा हुआ संकोच का अनुभव कर रहा था कि कैसे बातचीत शुरू करूँ ? वाल्मीकि जी लेटे-लेटे मेरी तरफ़ देख रहे थे। बोले कि कुछ बातचीत करो। मैंने कहा, ''आप आराम कीजिये, इतना लंबा सफ़र तय करके आए हैं।'' उन्होंने आँखें मूँद लीं, एकदम शांत चेहरे पर थकान साफ़ दिख रही थी। फ़ोटो में उनका जिस तरह का चमकता हुआ चेहरा देखा था, वैसा नहीं था। मैंने कभी सोचा ही नहीं था कि ओमप्रकाश वाल्मीकि जी से मेरी मुलाकात उस समय होगी जब वे कैंसर जैसी बीमारी से जूझ रहे थे।

वाल्मीकि जी ने आराम करने के बाद जब आँखें खोलीं तो पूछा कि कागज़ और क़लम लाये हो? डॉ. पल्लव बता रहे थे कि कुछ सवाल आपके मन में हैं। सवाल तो मन में थे, पर मैं इसके लिए तैयार नहीं था तो कहा कि अभी आप आराम कीजिए, फिर कभी बात कर लेंगे। इसके पहले उनकी दो कीमोथैरेपी हो चुकी थीं। वे बोले कि अभी काफ़ी रिकवर हो गया है, मैं बातचीत कर सकता हूँ, कोई परेशानी की बात नहीं है। बातचीत शुरू हुई। वे बहुत ही सहज भाव से अपने बारे में बताने लगे। थोड़ी देर की बातचीत में लगने लगा कि यह हमारी पहली मुलाकात नहीं है। वाल्मीकि जी में यह बात नज़र आई कि वे जल्दी ही किसी को अपना बना लेते हैं। वे बहुत ही आत्मीयता और सहज भाव से बात कर रहे थे। उनकी बातों से अनुमान लग रहा था कि एक संघर्षशील व्यक्ति का जीवन किस तरह का होता है और उसे किस तरह की समस्याओं का सामना करना पड़ता है। मुझे जूठन में वर्णित ओमप्रकाश का संघर्ष साफ़ नज़र आ रहा था। उन सभी संघर्षों को झेलने के बाद बने वाल्मीकि कैंसर से जंग लड़ रहे थे। लग रहा था कि समाज में फैले जातिवाद के कैंसर से लड़ते हुए उनकी यह हालत हो गयी है। बातचीत का सिलसिला आगे बढ़ता जा रहा था और उनकी हर बात मुझे प्रभावित कर रही थी। बीच-बीच में कुछ देर के लिए बातचीत रुक जाती थी।

उस दौरान की कुछ ताज़ा-तरीन घटनाओं के बारे में बातचीत—बाल ठाकरे का राजकीय सम्मान के साथ अंतिम संस्कार किया गया। इस सरकार को क्या हो गया है, जबकि हम सब यह जानते हैं कि ठाकरे इसका हकदार नहीं था, उस पर चुनाव आयोग ने प्रतिबन्ध लगा दिया था। मराठवाड़ा आंदोलन के संबंध में बताते हुए कहा था कि इसमें दलितों के प्रति खूब नफ़रत थी, इसने खूब खूनी खेल खेला था। उस समय विदर्भ के लोगों ने इसे रोका था, बिना कोई नफ़रत फैलाये। दूसरा दक्षिण भारतीय लोगों के प्रति नफ़रत का भाव। शिवसेना का यह उभार अपनी आँखों से देखा था, उस समय मैं चंद्रपुर में ही था। कहने लगे, ''आपके नज़दीक।'' (इसका मतलब मैं वर्धा में रहता हूँ तो चंद्रपुर मेरे नज़दीक है।) आगे वे कहने लगे कि उन दिनों काम से छुट्टी मिलने के बाद मैं दूसरे कामों में व्यस्त हो जाता था। ये सामाजिक कार्य होते थे, हम लोगों ने मिलकर वहाँ एक नाटक मंडली बनाई थी। उस इलाके में काफ़ी अंधविश्वास था, तो हमने फ़ैक्ट्री में ही एक जादूगर ढूँढ निकाला और उससे नाटक करवाया

जिससे लोगों के मन की उलझनें साफ़ हुईं।

वर्धा नदी हमारे क्वार्टरों के पीछे से होकर ही जाती है। हम लोग अक्सर पिकनिक मनाने वहाँ जाया करते थे या काँटा लेकर मछली पकड़ते थे। मैंने जिज्ञासावश पूछा कि आपका जीवन इतना सक्रिय था, फिर भी आपको यह आँतों का कैंसर कैसे हो गया? इसका कारण यह तो नहीं कि आप ऑर्डिनेंस फ़ैक्ट्री में रहते थे और वहाँ पर रेडियेशन के सम्पर्क में आए होंगे! कहने लगे कि ऐसी बात नहीं है, चंद्रपुर के बाद मैं कई ऐसी जगहों पर रहा हूँ, उन जगहों पर सारे काम पूर्ण सुरक्षा के साथ होते थे। उसके बाद तो मैं कई वर्षों तक स्वस्थ रहा हूँ। यह बात तो मेरे रिटायरमेंट के बाद की है। मैं फ़ैलोशिप लेकर शिमला में काम कर रहा था कि वहाँ पर मुझे भूख लगनी कम हो गई, सारी चीज़ें अरुचिकर हो गईं, वज़न कम होने लगा। जबकि मेरे घर के आस-पास का वातावरण काफ़ी अच्छा है। घर से थोड़ी ही दूरी पर बरसाती नदी बहती है। बरसात में मौसम काफ़ी अच्छा रहता है। सर्दी के समय घर पर धूप आती है। घर के आँगन में बहुत सारे पेड़ लगाए हुए हैं। अक्सर गड़रिया पेड़ों की डालियाँ काट देता है। मना करने पर भी नहीं रुकता है। नदी का हमारे घर के पास वाला हिस्सा काफ़ी साफ़ है पर सामने वाले किनारे पर भैंसों का तबेला है, उसकी सारी गंदी चीज़ें नदी में ही प्रवाहित होती हैं। हमारी कॉलोनी समतल ज़मीन पर बसी हुई है कॉलोनी के पीछे पहाड़ी है, उसके पीछे घना जंगल। तो ये सारी चीज़ें हैं। मेरा जीवन स्वस्थ था फिर भी देखिये ये बीमारी कहाँ से हो गई, मालूम नहीं। जब जाँच करवाई तो आँत का कैंसर निकला। पता चला। ऑपरेशन हुआ, अब मुझे हर बुलावे पर यहाँ पर आना पड़ता है, कीमोथैरेपी के लिए। आप यह देख रहे हैं, हर बार यही प्रक्रिया दोहराई जाती है, एक ये इंजेक्शन है, जो 48 घंटों में पूरा होता है, इसको लगाये ही रखना पड़ता है। जब भी मैं यहाँ पर आता हूँ, एक दिन अस्पताल में रुकता हूँ और उसके बाद जब 48 घंटों वाला इंजेक्शन लगा दिया जाता है, तब मैं दिल्ली में मिलने वालों के यहाँ पर रुकता हूँ, जैसे ही यह खत्म होता है, इसे निकलवाने के लिए वापस यहाँ पर आना होता है। फिर टैक्सी लेकर देहरादून चला जाता हूँ। कभी अपनी कार साथ में लाने की सोचता हूँ, लेकिन यहाँ पर कितना समय लग जाएगा, यह पता नहीं होता है, इसलिए नहीं लाता हूँ।

अभी इस बीमारी ने रोक दिया है, मेरे पास काफ़ी काम है, मैं एक

उपन्यास लिख रहा हूँ, नाटक और फ़ैलोशिप वाला काम कर रहा था। बीमार होने के बाद एक कहानी लिखी है, 'प्याज़ के छिलके'। आपको पढ़ने के लिए दूँगा। अब मेरा वज़न बढ़ रहा है, 5 किलो बढ़ गया है। डॉ. कहते हैं, कटा हुआ फल नहीं खाना, सिर्फ़ दाल, चावल और रोटी ही खाना। इन सारी बातों को वे बहुत ही सहजता के साथ कह रहे थे, मुझे कहीं से भी यह लग नहीं रहा था कि मैं पहली बार उनसे मिल रहा हूँ।

पहली मुलाकात में ही मैं उनसे काफ़ी प्रभावित हुआ था और उनका भी मेरे प्रति स्नेह बढ़ा। लेकिन इस बातचीत में एक लंबा अंतराल आने वाला था, पंद्रह दिनों का। उनको हर पंद्रह दिनों के बाद थैरेपी के लिए यहाँ पर आना होता था। यह समय मेरे लिए काफ़ी लंबा था। पंद्रह दिनों के बाद समय अनुसार मैं एक घंटा पहले गंगाराम अस्पताल पहुँच गया था।

उस दिन वाल्मीकि जी को आने में देर होती ही जा रही थी और इधर मुझे भूख भी लगती जा रही थी तो क्या किया जाए। सुबह का नाश्ता-पानी करके चला था। तो अस्पताल की कैंटीन में गया। वहाँ पर कैंटीन में खाना खाया। यह कैंटीन किसी अच्छे-खासे रेस्टोरेंट से कम नहीं है। यहाँ एक खास बात लगी कि मरीज़ के साथ आने वाले सभी परिजन बिना किसी चिंता के बड़ी तन्मयता से खाना खा रहे थे और खाना तो लज़ीज़ था ही। मैं खाना समाप्त करके कैंटीन के बाहर जहाँ पर मरीज़ों को चढ़ाने-उतारने की ट्रॉलियाँ पड़ी हैं उसके पास वाले पीपल की छाया में बैठकर इंतज़ार करने लगा। फ़ोन पर बातचीत हो गयी थी कि वे दिल्ली में प्रवेश कर चुके हैं, पर काफ़ी देर हो गई थी। वे उस दिन ढाई बजे तक पहुँचे थे। कहने लगे कि ड्राइवर नया था, वह दिल्ली में प्रवेश करने के बाद रास्ता भूल गया था। तो घूमते-घूमते यहाँ पहुँचा है इसलिए देर हो गयी। एडमिशन काउंटर पर पहुँच कर बेड के लिए पता किया तो आज कोई भी बेड खाली नहीं था। काफ़ी इंतज़ार के बाद भी बेड नहीं मिला। तो अब बेड मिलने तक के लिए कीमोथैरेपी का समय आगे बढ़ गया था। तब शाम तक वाल्मीकि जी ने बैजवाड़ा विल्सन जी को फ़ोन करके किसी होटल में यहाँ बेड मिलने तक के लिए कमरा बुक करने के लिए बोला। डॉ. विल्सन ने करोलबाग के होटल रज़्ज़ाक में व्यवस्था कर दी। हम लोग सामान लेकर बाहर आए और विल्सन जी द्वारा भेजी टैक्सी लेकर होटल के लिए निकले। होटल रज़्ज़ाक को पहली बार में हम लोग नहीं खोज पाये थे, फिर किसी से पूछने पर मालूम हुआ कि मेट्रो

होटल के पास वाली गली में अंतिम होटल वही था, हम लोग वहाँ पर पहुँचे। वाल्मीकि जी ने पहले कार से उतर कर होटलवाले से पूछा तो उसने बताया कि कमरा बुक है। विल्सन जी ने बुक करवाया है। मैं चंदा जी के साथ कमरा देखने ऊपर गया, एक कमरा तय हो गया। उसके बाद, मैं, वाल्मीकि जी को बताने आया और कुछ सामान लेकर ऊपर गया, तो देखता हूँ कि वाल्मीकि जी भी सीढ़ियाँ चढ़कर ऊपर आ रहे थे, जबकि वहाँ पर लिफ़्ट लगी हुई थी। कमरे में पहुँचने के बाद कहने लगे कि आज वहीं पर रुकते, यानी अस्पताल में तो कुछ रुपये ज़्यादा लग जाते और इलाज तो कल सुबह से ही शुरू होता। चलो कुछ पैसों की बचत हो गई। अगले दिन कैंसर वार्ड में बेड मिल गया। एक दिन का काम पूरा होने के बाद वापस रज्ज़ाक़ होटल पहुँचे। इन दिनों दिल्ली में निर्भया आन्दोलन चल रहा था। इसी पर बात निकली तो कहने लगे कि देखो, हमारा समाज कैसा है, कुछ ही दिनों में इस बात को भूल जाएगा कि ऐसा कोई हादसा हुआ था। आज यह लिखते समय उनकी बात सच लग रही है।

अब चंदा जी और वाल्मीकि जी दोनों से मेरी आत्मीयता बढ़ गई थी। जब भी दिल्ली आते तो मुझे फ़ोन कर देते थे और जब मैं उनसे मिलने जाता तो चंदा जी निश्चिंत हो जातीं और अस्पताल के बाहर टहल आतीं। उन्हें कुछ आराम मिल जाता। वाल्मीकि जी कहते कि अब तो ये आ गया है आप कुछ देर के लिए बाहर घूम आइये। चंदा जी के जाने के बाद वाल्मीकि जी से बातों का सिलसिला फिर से शुरू हो जाता। उनकी कुछ चिंताएँ वे हमेशा बताया करते थे, मेरे बाद इनका क्या होगा, मैंने इनके लिए कुछ करके रखा है, ये जीवन गुज़ार लेंगी, लेकिन अकेलापन कैसे गुज़रेगा। फिर भी मैंने इनके लिए इतनी तो व्यवस्था कर दी है कि आगे के जीवन में इनके लिए कोई समस्या नहीं आयेगी। और देखो मेरा स्वास्थ्य तो तेज़ी से सुधर ही रहा है, चिन्ता की कोई बात नहीं और यह वज़न बढ़ना उसी की निशानी है। डॉक्टर भी इस पर आश्चर्य प्रकट कर रहे हैं, तो यह इन्हीं की सेवा का नतीजा है।

उनकी एक चिंता यह भी थी कि आज भी समाज में ज़्यादा बदलाव नहीं हुए हैं। दलितों के साथ होने वाले भेदभाव में कुछ कमियाँ ज़रूर आई हैं, पर वे नहीं के बराबर हैं। उन्हें अभी तो बराबरी मिलनी है। हमारा मान-सम्मान होना चाहिए। समाज को स्वस्थ रखने वाले हर काम हम करते हैं फिर भी हमारे साथ इस तरह का भेदभाव! हम भूखे रह लेंगे लेकिन मान-सम्मान से किसी भी तरह

का समझौता नहीं करेंगे। ये भूखे रहने वाली बात चंदा जी के कान में पड़ी, उन्होंने अभी-अभी ही कमरे में प्रवेश किया था। कहने लगीं आप भूखे कब रहे? मैं आपको भूखा नहीं रहने दूँगी। वे उन्हें समझाने लगे कि मान-सम्मान की बात के लिए भूखा रहना मंजूर है।

इस तरह की बातचीत चलती रहती थी। कभी वे इस बीमारी के दौरान हुए अनुभवों को सुनाते तो कभी जातिगत अपमान की बातें। वे चीज़ों की समग्रता बताते। उनको सबसे बड़ा अनुभव यह हुआ कि ग़ैरदलित समाज के लोगों ने उनकी काफ़ी मदद की थी। इस बात को वो खुले दिल से स्वीकार करते हैं और लंबी बातचीत में इसका संदर्भ मिल जाएगा।

आँत के ऑपरेशन के बाद कीमोथैरेपी से उनके स्वास्थ्य में सुधार हो रहा था, ऐसा उस समय की रिपोर्टों से पता चलता है, वज़न बढ़ना, घूमने-फिरने में आसानी होना और उसी दौरान उन्होंने एक कहानी भी लिखी थी। उन्होंने बताया था कि अब वे कंप्यूटर पर भी कुछ-कुछ टाइप कर लेते हैं। इस दौरान वे किसी फ़िल्म के लिए कुछ लिख रहे थे। राष्ट्रपति निवास, शिमला में कुछ काम कर रहे थे। उन्होंने पैदल ही किसी पहाड़ी पर घूमने जाने की बात भी बताई थी। इस तरह से बारह कीमोथैरेपी पूरी हुई। और वे खास हिदायतों को ध्यान में रखते हुए अपने घर आराम कर रहे थे।

अब वे दिल्ली नहीं आ रहे थे, फिर भी फ़ोन पर बातचीत हो रही थी। उन्होंने शिमला में रहकर काम करने की बात बताई थी और सेमिनार का आयोजन भी करवाया था। काफ़ी दिनों बाद दिल्ली आने की सूचना दी। मुझे लगा कि चलो अब फिर से कुछ बातें होंगी। मैंने अब तक हुई बातचीत का हिस्सा उनको लिखकर दे दिया था, तो उसे भी लेकर आ रहे थे। मैंने इसे लेकर पढ़ा तो उसमें उन्होंने कुछ आवश्यक सुधार कर दिए थे। बातचीत में कहने लगे कि मैं आत्मकथा का दूसरा भाग लिख रहा हूँ, आप तो जानते ही हैं, बाकी लोग उसमें पढ़ लेंगे। चंदा जी ने बताया कि अब ये खाना भी कम खाने लगे हैं, कहते हैं कि भूख नहीं लग रही है। दो-तीन दिन से पेशाब बंद था, बताया तक नहीं, फिर देहरादून में कुछ इलाज करवाया और दिल्ली लेकर आई हूँ। उस दिन न्यूरोलॉजी वाले डॉ. खन्ना से मुलाकात की। चंदा जी कहने लगीं कि ये डॉक्टर साहब से भी ठीक से बात नहीं करते हैं। तब हम (चंदा जी और मैं) भी डॉक्टर के चैम्बर में गए और सारी बातें बताईं। डॉक्टर ने कुछ आवश्यक

सलाह और दवाई दी और वे दोनों देहरादून चले गए। कुछ दिनों बाद जब वे दिल्ली आए तो मुझे नहीं बुलाया। कहा ज़रूरी हुआ तो बुला लेंगे, अभी यहाँ पर लोग हैं। फिर रात दस बजे वाल्मीकि जी ने ही फ़ोन किया कि अब आ जाओ, अभी मैं गंगाराम के इमरजेंसी वार्ड में हूँ, बेड नहीं मिला है, वेटिंग में है। उन दिनों दिल्ली में डेंगू आदि बीमारियों का प्रकोप था, इसलिए उन्हें शाम तक भी गंगाराम अस्पताल में बेड नहीं मिल सका था। दोबारा फ़ोन आया तो बताया गया कि अगले दिन सुबह जल्दी जाकर गंगाराम अस्पताल के ब्लड बैंक से ब्लड लाना है, ताकि समय पर इलाज शुरू हो सके। मुनीरका से करोलबाग काफ़ी दूर है, जाने के लिए कोई साधन मिलेगा या नहीं, इसी उधेड़बुन में ऑटो स्टैंड गया। मुश्किल से एक ऑटोवाला तैयार हुआ। मैंने ऑटो में बैठकर गणपत को फ़ोन किया और ऑटो का नंबर बताया, ऑटोवाले को सुनाते हुए। उसने आपत्ति जताई तो मेरा जवाब था कि भाई देखो रात का समय है, कहीं कुछ बात हुई तो वह समय से पहुँच जाएगा या कोई मदद मिल जाएगी। तब ऑटो से करोलबाग जाने का रास्ता बदनाम इलाके धौला कुआँ से होकर था। मन में कुछ डर था तो चौंकन्ना होकर बैठा रहा और इत्तेफ़ाक देखिए कि बुद्धा गार्डन के निकट आते ही ऑटो बंद हो गया। मन की आशंकाएँ गहरी होने लगीं कि अब तो कुछ होकर ही रहेगा। बिलकुल सुनसान सड़क थी, इक्का-दुक्का वाहन ही आ-जा रहे थे। बहुत तेज़ गति से। मैं सोच रहा था कि यह अभी फ़ोन करके किसी को बुलाएगा। पर मेरी आशंकाएँ निर्मूल साबित हुईं। जब उसने ऑटो से उतरते हुए कहा, ''अभी मैं आपके लिए कोई ऑटो या टैक्सी रुकवाता हूँ।'' काफ़ी देर इंतज़ार करने के बाद एक ऑटो रुका, जिसमें पहले से तीन सवारियाँ थीं। ऑटोवाले ने आग्रह किया कि इनके परिजन वहाँ अस्पताल में इंतज़ार कर रहे होंगे, इन्होंने मेरा ऑटो नंबर भी दे दिया है। आप इनको करोलबाग गुरुद्वारा के पास उतार देना। अस्पताल पहुँचा। इमरजैंसी के वेटिंग रूम में वाल्मीकि जी एक बेड पर लेटे हुए थे, यह रूम एक गलियारा था। वे खुश हुए, अब कोई चिंता की बात नहीं। गंगाराम अस्पताल में तो बेड मिलने की कोई संभावना नहीं थी। तो अस्पताल की व्यवस्था के अनुसार रात में बारह बजे उनको सिटी अस्पताल में शिफ़्ट किया गया, यह करोलबाग मैट्रो स्टेशन के बिलकुल नज़दीक है। अगली सुबह से वहाँ पर रुकने का चार्ज शुरू होता। इस तरह हर छोटी-से-छोटी बात में पैसा बचाने की कोशिश रहती थी। हम लोग सिटी अस्पताल के बेड नम्बर 107

बी में रुके थे। रात में वहाँ पर गार्ड ने बताया कि मरीज़ के साथ रुकने के लिए एक ही व्यक्ति रह सकता है और उस दिन हम तीन लोग थे। अब इतनी रात गये कोई दूसरी व्यवस्था कैसे होती। वाल्मीकि जी ने उस गार्ड से आग्रह किया कि आज रात को तो रुकने दो, लेकिन गार्ड अपनी बात पर अड़ा रहा। फिर उन्होंने गार्ड को बोला कि इन लोगों में से किसी एक को बाहर निकाल दो, फिर सुबह मैं देखता हूँ। इस पर गार्ड चुप हो गया। सुबह तक वापस नहीं आया। खैर, यह उसकी ड्यूटी थी। अगली सुबह मैं गंगाराम अस्पताल के ब्लड बैंक में गया, जहाँ से तीन घंटे बाद ब्लड मिला और इलाज शुरू हुआ। इसके बाद वाल्मीकि जी की सारी रिपोर्ट्स लेकर मुझे डॉ. नन्दी के पास जाना था। यही वे डॉक्टर थे, जिन्होंने वाल्मीकि जी की आँत का ऑपरेशन किया था। डॉ. नन्दी का कहना था कि वाल्मीकि जी का आँत का इलाज सफलतापूर्वक हुआ है, उसमें कोई परेशानी वाली बात नहीं है। दरअसल वाल्मीकि जी के खून में लगातार क्रिटनीन बढ़ रही थी। मेडिकल की भाषा में मुझे इसकी ज्यादा जानकारी नहीं है। उनकी सारी समस्याओं का कारण यही है। डॉ. नन्दी की बात ने एक समाधान कर दिया था तो इसका कोई और कारण होगा। उनका पेशाब बंद होने की जो बात थी और बहुत सारे टेस्टों के बाद यह पता चला था कि एक किडनी का इलाज करना पड़ेगा। तो बात यह हुई कि अब ब्लड की ज़रूरत पड़ेगी, तो पल्लव जी को फ़ोन किया। उस दिन पल्लव जी ने कॉलेज के छात्रों को भेजा। मैं सिटी अस्पताल और गंगाराम अस्पताल के बीच उस दिन आता-जाता रहा था। वे छात्र पहली बार ही आये थे। उन छात्रों की इच्छा थी कि उनका खून वाल्मीकि जी को चढ़ाया जाए? उनकी जिज्ञासा का उत्तर था कि उनके ब्लड ग्रुप से मिलता होगा तो ज़रूर चढ़ाया जाएगा। आपका खून ब्लड बैंक में जमा हो रहा है तो ज़रूरी नहीं है कि आप जिसके लिए खून दे रहे हैं, उन्हीं को चढ़ाया जाएगा। गंगाराम अस्पताल लाकर सफलतापूर्वक वाल्मीकि जी की किडनी का इलाज किया गया और एक-दो दिन बाद वे टैक्सी से देहरादून चले गए।

अगली बार जब वे दिल्ली आये तो पहुँचने में देर हो गई थी। फ़ोन करके उनकी लोकेशन खोजता हुआ पहुँचा। चंदा जी व्हीलचेयर पर वाल्मीकि जी को बिठाकर ले जा रही थीं। समस्या पिछली बार वाली ही थी। जाँच के बाद भर्ती होना ही था। इस बार भी गंगाराम अस्पताल में बेड नहीं मिला, एक बार फिर सिटी अस्पताल ही जाना पड़ा था। सारी जाँच होने के बाद तय समय पर गंगाराम

अस्पताल के ऑपरेशन थियेटर ले जाया गया। वहाँ पता चला कि किडनी का जो इलाज किया था वह ठीक से काम नहीं कर रहा, उसको बदल दिया जाए। उस समय डॉक्टर ने बताया कि इनकी दूसरी किडनी भी ठीक से काम नहीं कर रही है और यूरिन के लिए आउटपुट लगाना (पेशाब के लिए एक थैली जिसे हाथ में लेकर चलना होगा।) पड़ेगा। यह बात वाल्मीकि जी से पूछने के लिए छोड़ दी गई। अचेत अवस्था से बाहर आने पर मैं उनसे मिलने गया था। उस दिन वाल्मीकि जी की भतीजी और दामाद आए हुए थे और दो दिन बाद उनका दूसरा ऑपरेशन हुआ।

गंगाराम अस्पताल के ऑपरेशन थियेटर के ठीक नीचे एक बहुत बड़ा हॉल है। वेटिंग रूम। वहाँ कई देवी-देवताओं की तस्वीरें रखी हैं। सभी रिश्ते-नातेदार उन मरीज़ों के लंबे जीवन की दुआएँ माँगते हैं। वो कहावत—दवा की नहीं दुआ की ज़रूरत है। वे पूजा-पाठ में लीन रहते हैं। दो दिन के बाद वाल्मीकि जी देहरादून चले गए। काफ़ी दिनों बाद पता चला कि उनकी तबीयत खराब है तो मैंने फ़ोन किया था, उधर फ़ोन पर चंदा जी थीं। ज्यादा बातचीत नहीं हो पाई थी। वाल्मीकि जी का स्वास्थ्य तेज़ी से गिरता जा रहा था। जिस दिन यह दुखद खबर सुनी उस दिन मैं उदयपुर में था। नटवर के कमरे पर। वाल्मीकि जी अपनी यादें हमारे साथ छोड़कर एक लम्बी यात्रा के लिए निकल गए। वे बातचीत में अक्सर लंबी यात्रा पर जाने के बारे में बताया करते थे। ताकि देश-दुनिया को बेहतरी से समझ सकें। उनके जीवन से काफ़ी बातें सीखने को मिलती हैं जैसे कि जीवन में कभी फ़िज़ूलखर्ची नहीं करनी चाहिए। व्यक्ति किसी भी जगह पर हो उसे मेहनत करनी आनी चाहिए। अपने से कमतर लोगों के साथ समान व्यवहार करना चाहिए और किसी भी तरह का भेदभाव नहीं करना चाहिए। जैसा कि *जूठन* से हमें पता चलता है। वे अपनी मेहनत के बल पर इस मुकाम तक पहुँचे थे। दलित साहित्य स्थापित करने में उनकी रचनाओं का काफ़ी योगदान रहा है, उन्होंने हिन्दी साहित्य में एक नए जीवन से साक्षात्कार करवाया।

—भंवरलाल मीणा

ओमप्रकाश वाल्मीकि
का भंवरलाल मीणा से
अंतिम संवाद

वाल्मीकि जी, जूठन को प्रकाशित हुए काफ़ी समय बीत गया है और इसका काल भी काफ़ी पुराना है, आप बाद के बदलावों को कैसे देखते हैं?

जूठन 1950 से 1985 तक के जीवन का एक दस्तावेज़ है। जहाँ-जहाँ मैंने काम किया, जहाँ मेरा जन्म हुआ, इन सारे घटनाक्रमों का जैसे लिखित इतिहास है। उन हालातों को आज जब हम देखते हैं, तो कुछ चीज़ें तो बदली हैं, लेकिन पूरी तरह से नहीं। पहले अस्पृश्यता की भावना खुल्लम-खुल्ला थी, अब छुपा के होती है। यह अभी भी ज्यों की त्यों मौजूद है। अब जीवन बदल गया है, होटल में एक साथ बैठकर खाना खा लेते हैं, ट्रेन, बस में साथ-साथ सफ़र कर लेते हैं, एक-दूसरे की गाड़ी में बैठ जाते हैं। लेकिन घर के अन्दर वह आज भी ज्यों का त्यों मौजूद है। लोग यह कहते हैं कि सब कुछ बदल गया है, इसे हम मानने को तैयार नहीं हैं। दलित साहित्यकारों की नई पीढ़ी आ रही है, उन्हें भी समाज में अस्पृश्यता का सामना करना पड़ रहा है। उनके अनुभव कुछ दूसरी तरह के हैं। जैसे कोई दलित लेखक या व्यक्ति किसी जगह मकान किराये पर लेकर रहे तो आस-पास के लोगों का व्यवहार बदल जाता है और वे मकान खाली करके चले जाते हैं। या उसे वहाँ से निष्कासित करने के हथकण्डे अपनाए जाते हैं। मकान मालिक पर दबाव बनाया जाता है।

आपने घर के अंदर व्यवहार नहीं बदलने की बात का ज़िक्र जूठन में भी किया है। आपकी नौकरी लगने के बाद जब त्यागी परिवार का बेटा किसी सिलसिले में आपके घर आया था, खाना खाया और तारीफ़ भी की थी।

क्या कभी ऐसा मौका आया था, जब आप उसके घर गये हों? तब उन्होंने किस प्रकार का व्यवहार किया था, क्या वही पहले वाला व्यवहार था?

जब मैं गाँव गया था तो वह लड़का ही बुलाने आया था। वह आया, लेकिन दूध और बिजली का पंखा लेकर आया था। वह बोला, हमारे घर चलो, मम्मी बुला रही हैं। लेकिन वह तो लड़का है, बच्चा है, घर का कोई बड़ा व्यक्ति मसलन उसकी माँ, उसकी बहन या उसके भाई या पिताजी या उसके दादाजी मुझे बुलाने के लिए नहीं आये, यदि कोई बड़ा सम्मान के साथ बुलाने आता, सम्मान के साथ ले जाता, मैं ज़रूर उनके घर जाता, लेकिन उन्होंने ऐसा नहीं किया। जबकि उसने घर जाकर अपनी माँ से, दादी से ये कहा था कि जितना अच्छा खाना वे लोग बनाते हैं, उतना अच्छा खाना आप नहीं बनाते हो। मतलब ये तारीफ़ उसने घर जाकर की थी। जब इतनी तारीफ़ की, तो माँ को तो कम-से-कम...वे अपना सम्मान तो चाहती हैं, लेकिन उन्हें हमारे सम्मान की परवाह नहीं है, तो हम नहीं गये। घर के बाहर तो बदलाव है, पर अंदर अभी भी कोई बदलाव नहीं है। इसमें समय लगेगा।

जूठन में वर्णित जगहों पर ऐसी कोई घटना घटी जो इसमें सम्मिलित नहीं की है?

हाँ, जहाँ-जहाँ मैं रहा हूँ, गया हूँ, वहाँ किस तरह के लोग मिले, उन्होंने किस तरह का व्यवहार किया, वह सब जूठन में लिखा हुआ है। आत्मकथा लिखते समय कुछ चीज़ें ऐसी होती हैं, जिन्हें छोड़ा जाता है, जो आपको प्रभावित नहीं करती हैं और सामान्य तौर पर घटित घटनाओं को लिखने का कोई मतलब नहीं है। मैं घर गया, वहाँ से स्कूटर उठाया और निकला लिखने की आवश्यकता नहीं है। इसलिए इन चीज़ों को संक्षिप्त करके लिखा गया है। जिसने मुझे प्रभावित किया, परेशान किया या निराश किया, उनका इसमें वर्णन है।

आप बता रहे थे कि कुछ लोगों ने प्रभावित किया, सहजता के साथ व्यवहार किया, जूठन में ऐसे कुछ ही लोगों का वर्णन है।

मेरे सम्पर्क में जो लोग आये हैं, उनमें ऐसे अनेक लोग हैं, जिन्होंने हमेशा मेरी मदद की है और वे मेरी संवेदनाओं में भी शामिल हुए हैं। मेरे अच्छे में, मेरे बुरे में, खड़े हुए हैं, मेरे साथ। मेरे ऐसे बहुत सारे मित्र हैं, जो ग़ैरदलित हैं।

जो मेरी पीड़ा को समझते हैं। वे मेरी संवेदनाओं को समझते हैं, मैं जो काम कर रहा हूँ, उसे समझते हैं और मेरा साथ भी देते हैं। इसलिए मुझे लगता है कि कुछ लोग तो अच्छे हैं समाज में जो बेहतरी के लिए चिन्ता करते हैं। लेकिन ऐसे लोगों की संख्या बहुतायत में नहीं है।

आपने कहा कि ग़ैरदलित लोगों ने आपकी ज़्यादा मदद की है और वे समाज की बेहतरी के लिए चिन्ता भी करते हैं, तो फिर यह आग्रह क्यों कि ग़ैरदलित दलित-साहित्य नहीं लिख सकते हैं?

देखिए, इसमें थोड़ा-सा अंतर है, जिस व्यक्ति के पास अनुभव ही नहीं हैं हमारे जैसे, फिर वह कैसे इस पर कोई बात करेगा? सवाल यह है कि एक व्यक्ति को अनुभव नहीं है, वह सिर्फ़ दूर से देख रहा है तो वह दूर से देखा हुआ ही लिखेगा और बहुत से लोगों ने लिखा है। आप मुझे बतायें कि कोई ग़ैरदलित लेखक *जूठन* लिख सकता था क्या? यह संभव ही नहीं था। इसलिए यह बात किसी हद तक सही होती है कि वह सहानुभूतिपूर्वक, संवेदना के उस स्तर तक आने की कोशिश करेगा। एक और खास बात देखने को मिलती है, जब हम अपने अग्रज लेखकों को देखते हैं, उन्होंने दलितों के बारे में लिखा है, दलित पात्र खड़े किये हैं। लेकिन जब निर्णायक मोड़ आता है, तब वे दलित के साथ नहीं रहे, यह अक्सर देखने में आया है। उन्होंने सब कुछ अच्छा लिखा है। लेकिन वे कहीं-न-कहीं चूक जाते हैं, चाहे वह *गोदान* हो, चाहे वह *नाच्यौ बहुत गोपाल* हो या *परिशिष्ट* हो, और भी बहुत हैं। उपन्यास, कहानियाँ जिसमें उन्होंने सारे पात्रों को बड़ी शिद्दत के साथ खड़ा किया है और समझने का प्रयास किया है, पर जब निर्णायक मोड़ आता है तो उनके निर्णय सामंतवादी और ब्राह्मणवादी होते हैं।

आपके साथ जिस तरह का अशिष्ट व्यवहार हुआ, क्या अन्य दलित लेखकों के साथ भी ऐसा व्यवहार हुआ है? प्राय: उनके लेखन में आपकी तरह संवेदना की गहराई नहीं है। यह फ़र्क कैसे आया जबकि वे भी दलित हैं?

इसका उत्तर तो वे दलित लेखक ही दे सकते हैं, उनके साथ भी ऐसा हुआ है या ऐसा नहीं हुआ है। कई लोग चीज़ों को समझ पाते हैं, कुछ नहीं। मेरा अपना तरीका है समझने का। मैंने हमेशा इस बात पर ज़ोर दिया है और जब मैं इस बिन्दु पर देखने की कोशिश करता हूँ, मेरे सामने मेरे दोस्तों में से बहुत

सारे केरेक्टर खड़े होते हैं, जो जाति, धर्म से हटकर मेरे साथ व्यवहार कर रहे होते हैं। दूसरों के साथ वे कैसा व्यवहार कर रहे होते हैं, मुझे नहीं मालूम। जो अन्य दलित साहित्यकार हैं उनके साथ क्या हुआ है, यह तो वे ही बेहतर ढंग से बता सकते हैं, उनके अनुभव वे ही बता सकते हैं। उनका देखने का नज़रिया अलग हो सकता है। एक चीज़ को मैं देखूँगा और कोई दूसरा देखेगा, तो उसमें फ़र्क तो होगा ही। इसलिए अन्य दलित साहित्यकारों के लेखन का स्तर वे स्वयं तय करते हैं और लेखन में संवेदना के स्तर पर, भाषा के स्तर पर, बहुत ज्यादा फ़र्क मिलेगा।

आपने जूठन के हवाले से कहा कि दलित लेखक ही दलित साहित्य लिख सकता है। लेकिन जूठन के अलावा जो दलित साहित्य की कृतियाँ हैं, उनके बारे में आप क्या कहेंगे?

मैंने इसीलिए कहा है, मैं किसी कृति पर कमेंट नहीं कर रहा हूँ। मैं यह कहना चाहता हूँ कि हर आदमी का अपना नज़रिया होता है, उसकी सोच, उसके अनुभव और लेखन में उसने कितना हासिल किया है, इस बात पर निर्भर करता है। मैंने लिखने से पहले गम्भीरता से अध्ययन किया है। मैंने संस्कृत ग्रंथों को पढ़ा है, मैंने दक्षिण अफ्रीकी लेखकों को पढ़ा है, अंग्रेज़, ब्लैक, फ़्रैंच और रशियन लेखकों को पढ़ा है। भारत के तमाम बांग्ला, मराठी, दक्षिण भारतीय भाषाओं के हर प्रमुख लेखक और साहित्य को पढ़ा है। शायद ही कोई छूटा हो। इसलिए इन सबको पढ़ने के बाद मेरी परिकल्पना का विकास हुआ। साहित्य के लिए जिस सोच और कल्पना (इमेजिनेशन) की ज़रूरत पड़ती है, वह विकसित होती है, उसका विकास पहले ज़रूरी है। यानी आपको अखाड़े में उतरने से पहले हर तरह की तैयारी करनी पड़ती है, आपको अपने शरीर को बढ़ाना तो पड़ेगा, ताकतवर भी बनना पड़ेगा, आपको मिट्टी से खेलना पड़ेगा। क्रिकेट खेलने के लिए क्रिकेट की तकनीक सीखनी पड़ेगी, लेखन के लिए लेखन की तकनीक सीखने की ज़रूरत है।

जूठन में भी आपने बताया है कि किन परिस्थितियों में और कैसे आपने पढ़ाई की। इसका मतलब यह है कि रचना करने से पहले तैयारी करनी चाहिए, अनुभवों को गहरा करना चाहिए, उसके बाद आप कोई रचना करेंगे तो उसे सही रूप में अभिव्यक्त कर पायेंगे।

मैं यहाँ दायरे से बाहर निकलकर बात कर रहा हूँ। सीमा से बाहर, उसको व्यापकता देने की कोशिश की जा रही है। इसलिए मेरी रचनाओं में जहाँ पर दलित पात्र है, वहीं ब्राह्मण भी खड़ा हुआ है साथ में। 'सपना' कहानी को देख लीजिए आप, 'सलाम' कहानी को देख लीजिए आप, ऐसी अनेक कहानियाँ हैं, जिनमें ग़ैरदलित पात्र खड़े हुए हैं। ये मेरे जीवन में भी खड़े हुए हैं। जब मैं सुख-दुख में होता हूँ तो मेरे साथ खड़े होते हैं, तो वे मेरे जीवन के केरेक्टर हैं जिन्हें मैं साहित्य में लाने की कोशिश कर रहा हूँ। ऐसे मेरे जीवन में बहुत सारे अनुभव हैं। मेरे वैचारिक मतभेद हो सकते हैं उनसे, लेकिन आत्मीयता बहुत गहरी है। ऐसे बहुत सारे मित्र हैं मेरे जिनसे विचार नहीं मिलते हैं लेकिन पारिवारिक स्तर पर हम एक-दूसरे के साथ खड़े हैं, क्यों? क्योंकि मानवीय मूल्य की पहचान है जो कि करनी पड़ेगी, यह बहुत ज़रूरी है।

जूठन में आपने कुछ घटनाओं का ज़िक्र किया है, जैसे कि मराठवाड़ा आन्दोलन को ही ले लें, इससे एक सामाजिक आन्दोलन खड़ा हुआ था, जिससे समाज की दिशा तय हुई और लोग सोचने पर मजबूर हुए थे। तब से अब तक समाज में कोई परिवर्तन आया है, समाज किस तरफ़ जा रहा है?

आप महाराष्ट्र की बात कर रहे हैं, मराठवाड़ा विश्वविद्यालय का नामकरण करने के लिए यह आन्दोलन चला था। दरअसल, मेरा यह मानना है कि वो आन्दोलन हमारी सारी ऊर्जा को खा गया और बची-खुची ऊर्जा को आरक्षण खा गया। इन दोनों आन्दोलनों ने, मराठवाड़ा विश्वविद्यालय और आरक्षण ने हमें बहुत क्षतविक्षत किया है। हमने मराठवाड़ा का नाम तो बदलवा लिया, लेकिन बहुत कुछ खो भी दिया। मैं उस समय वहीं पर था, महाराष्ट्र में। मैंने इस आन्दोलन को नज़दीक से देखा है। खोने के पीछे यह तर्क है कि हमारे बहुत सारे लोग अपने आप को सँभाल नहीं पाये। दलित पेन्थर का जो हाल हुआ, वह प्रशंसनीय नहीं कहा जा सकता। एक समय में जो अच्छे स्तर पर उभरकर आ रहा था। लोगों को जागरूक कर रहा था, उन्हें एकजुट कर रहा था, देश के बारे में सही-सही जानकारी दे रहा था, अचानक वह बिखर जाता है। यह बिखराव सिर्फ़ इसीलिए हुआ था कि कई लोग उसमें ऐसे आ गये थे जो राजनीति की तरफ़ चले गये और उनसे सबसे बड़ी गलती चुनाव लड़ना हुई थी, बिना किसी तैयारी के। बस! वहीं से सारा मामला गड़बड़ा गया। रिपब्लिकन पार्टी का वही

हाल हुआ। यह पार्टी, एक समय बहुत पॉवरफुल पार्टी थी इसके बगैर सत्ता नहीं बन सकती थी। इसके टुकड़े-टुकड़े हो गये। हमारे दलित आन्दोलन के लोगों को इन सभी चीज़ों का पुनर्मूल्यांकन करना चाहिए कि हमसे गलतियाँ कहाँ पर हुई हैं। जब हम अपनी गलतियों को पहचान लेंगे तो आगे चलने में आसानी होगी। दलित आन्दोलन खत्म नहीं हुआ, विकसित हुआ है लेकिन गलतियों से सीखने की ज़रूरत है। उसका स्वरूप और सोचने का तरीका बदला है। इसका सबसे बड़ा उदाहरण खैरलांजी की घटना है। न्यायालय के निर्णय के बाद जो हुआ, वह दलित आन्दोलन की परिपक्व भूमिका दिखाता है, जिसे ठीक से जानना ज़रूरी है।

मराठवाड़ा में सभी लोग एक साथ लड़े और सफलता पाई, लेकिन 'डॉ. अम्बेडकर सिर्फ़ महार जाति के लोगों के नायक थे अन्य जातियों के नहीं'—स्वयं दलित जातियों में भी इस तरह की बात की जाती है। दलितों में भी इस तरह का जातिभेद है, यह इनमें कैसे आया?

नहीं, यह आरोप वे लोग लगाते हैं जो डॉ. अम्बेडकर के आन्दोलन को सही ढंग से समझ नहीं पाये। वहाँ पर एक चीज़ देखने को मिली, उनकी एक चिट्ठी जो मुझे पढ़ने को मिली जो उन्होंने अपने मित्र को लिखी थी। महाराष्ट्र में चमार जाति के लोग अपने आपको महारों से श्रेष्ठ दिखाते हैं। उन्होंने बहुत दुखी होकर यह चिट्ठी लिखी थी। जैसे इधर चमार अपने आपको श्रेष्ठ समझने की कोशिश कर रहे हैं, उधर भी कर रहे थे। यह डॉ. अम्बेडकर के आन्दोलन के समय हो रहा था। डॉ. अम्बेडकर इस बात से बहुत दुखी हुए थे। उस समय वे विदेश में थे। उन्होंने अपने एक मित्र को चिट्ठी में लिखा कि मैं इस चीज़ से बहुत दुखी हूँ। हमें इस पर काम करना चाहिए, लोगों को समझाना चाहिए कि क्या ब्राह्मण चमारों से कम नफ़रत करते हैं या हमसे ज़्यादा करते हैं। अगर ऐसा है तो हम मान लेंगे कि आप श्रेष्ठ हैं। ये जो दलित आन्दोलन के अंदर जाति भेद की बात की जाती है, यह कहीं हिन्दू धर्म की परछाई की तरह उनके बीच आ गई है लेकिन इससे जल्दी मुक्त होंगे हम। आज दलित शब्द हमारे लिए इसीलिए महत्त्वपूर्ण शब्द है कि इसमें सारी दलित जातियाँ सिमट जाती हैं। इसीलिए हम उसको छोड़ना नहीं चाहते हैं। कुछ लोग विरोध कर रहे हैं दलित शब्द का, यह नासमझी में कर रहे हैं। इसकी ऊर्जा को नहीं समझ रहे हैं। आज एक चमार

भी दलित है, वाल्मीकि भी दलित है, पासी भी दलित है, महार भी दलित है, जुलाहा भी दलित है, जो भी दलित है इसमें आ जाता है, एक ही शब्द के नीचे आ जाता है। हम यह कहना चाहते हैं कि दलितों का समूह बढ़ रहा है। दलित जो जातिवाचक शब्द नहीं है, समूहवाचक है, जो एक समंदर की तरह है, जहाँ छोटी नदियाँ (जातियाँ) आकर अपना अस्तित्व खो देती हैं।

जैसा कि आप कह रहे हैं कि दलित शब्द से सभी दलित जातियों की पहचान की जा रही है। संविधान भी इस बात की पुष्टि करता है, जहाँ अनुसूचित जाति और जनजाति शब्द दिये गये हैं। क्या हमें इन जातियों के सारे विभाजनों को खत्म कर देना चाहिए?

हाँ, बिलकुल कर देना चाहिए, मैं तो कहता हूँ कि एक ही शब्द रखा जाए। अनुसूचित जाति और जनजाति ये दोनों आरक्षण के लिए नियमबद्ध शब्द हैं जो जाति को संकेतित करते हैं जबकि दलित जाति का विरोध करता है।

ये तो आपने अलग बात बता दी!

हाँ, बिलकुल अलग है। दलित शब्द जाति का विरोध करता है। लेकिन अनुसूचित जाति, जनजाति इसमें पहले से जाति है, जातियाँ हैं। आप देखिए, पहले एक शब्द चलता था आदिवासी, कुछ राजनीतिक दलों ने उसे हटाकर वनवासी कर दिया, क्यों? क्योंकि वनवासी एक कोमल शब्द है। इसमें कोई विरोध नहीं है, इसमें कोई स्थापना नहीं होती है। आदिवासी शब्द से यह स्थापना होती है कि वह इस देश का मूल निवासी है। वह बाहर से नहीं आया है। जिस तरह से अनुसूचित जातियाँ यानी ऐसी जातियाँ जो लिस्टेड की गई हैं। यानी वहाँ जाति का अस्तित्व मौजूद है। दलित शब्द में जाति का अस्तित्व मौजूद नहीं रहता। इसलिए यह शब्द और महत्त्वपूर्ण हो जाता है। उसी तरह आदिवासी शब्द अपने आप में महत्त्वपूर्ण ऐतिहासिक तथ्य है।

आपने बताया कि दलित पैन्थर और रिपब्लिकन पार्टी का राजनीति में जाने से बुरा हाल हुआ। यह बात अपनी जगह ठीक है परन्तु क्या राजनीतिक इच्छशक्ति से समाज में जल्दी बदलाव नहीं लाये जा सकते हैं?

नहीं, मेरा आशय यह नहीं है, मैं कहना चाहता हूँ कि वे लोग बिना किसी तैयारी के राजनीति में गये। तैयारी करनी चाहिए थी, उसके लिए पहले दो-तीन साल तक लगातार लोगों को राजनीतिक रूप से तैयार करना चाहिए था।

वहाँ पर यह नहीं किया गया था। वहाँ जागरूकता तो होती रही, साहित्यिक, सांस्कृतिक और वैचारिक भी। डॉ. अम्बेडकर का विचार भी लोगों तक पहुँचा, लेकिन राजनीतिक जागरूकता नहीं आई, उस पर ध्यान देना चाहिए था। जिस तरह से उत्तर प्रदेश में मायावती ने और कांशीराम ने किया। लोगों को पहले जागरूक करके इकट्ठा किया, गोलबंद किया और सत्ता हथियायी, तैयारी के साथ गये। इस तरह की तैयारी वहाँ पर नहीं हुई थी।

आप यह बात कह रहे थे कि महाराष्ट्र में बाकी राज्यों से सामाजिक जागरूकता ज़्यादा है। तब यह फ़र्क क्यों आया कि वहाँ के लोग सत्ता पाने में सफल नहीं हो सके और उत्तर प्रदेश के सफल, यदि ऐसी बात थी तो उत्तर प्रदेश महाराष्ट्र से सामाजिक रूप से ज़्यादा आगे होता।

इसलिए कि वहाँ पर सामाजिक आन्दोलन होते रहे हैं। महाराष्ट्र में सामाजिक आन्दोलन कम हुए हैं। इधर उत्तर प्रदेश में बहुत हुए, इसकी वजह से फ़र्क है। यहाँ पर गिने-चुने हुए हैं, जिनका असर लोगों पर लम्बे समय तक नहीं रहा, वहाँ पर लम्बे समय तक रहा। वहाँ आन्दोलन आज भी हो रहे हैं, अभी भी जारी हैं। अलग-अलग रूप हैं उनके। कोई किसी रूप में चल रहा है कोई किसी रूप में, तो उसका असर लोगों पर होता है। खास करके ग्रामीण परिवेश में ज़्यादा होता है। यहाँ वे आन्दोलन गाँव तक तो पहुँच ही नहीं रहे हैं।

इसका आशय यह है कि यहाँ पर आन्दोलन सिर्फ़ ऊपरी तौर पर चल रहे हैं?

हाँ, सिर्फ़ ऊपरी तौर पर चल रहे हैं।

आप तो कह रहे हैं कि पूरी तैयारी के साथ आये थे यहाँ पर?

तैयारी के साथ, राजनीतिक और सामाजिक दोनों अलग-अलग आन्दोलन हैं। आप दोनों को साथ में जोड़कर देखेंगे तो गलत हो जाएगा। बताइये आप, आजकल उत्तर प्रदेश में क्या सामाजिक आन्दोलन चल रहा है? है ही नहीं कोई, राजनीतिक आन्दोलन चल रहा है वहाँ। बी एस पी (बहुजन समाजवादी पार्टी) एक राजनीतिक गुट है, सामाजिक आन्दोलन कहाँ पर है बताइये? यहाँ साहित्यिक आन्दोलन है, लेकिन सामाजिक नहीं है। जैसे आप दिल्ली में देखिए कितने सामाजिक आन्दोलन हुए हैं यहाँ, सिर्फ़ राजनीतिक आन्दोलन हो रहे हैं। जब तक सामाजिक आन्दोलन नहीं होंगे, आदमी की चेतना का विस्तार नहीं होगा।

आप सामाजिक आन्दोलन की बात कर रहे हैं तो क्या यह बताएँगे कि वे कैसे होंगे? इसका कोई खाका तैयार है?

सामाजिक आन्दोलन, ये पहले भी हुए हैं, जैसे पंजाब में हुआ, मंगूराम जी ने किया, बहुत लंबे समय तक किया गया सामाजिक आन्दोलन था वह। अछूतानंद जी ने किया उत्तर प्रदेश में, वह सामाजिक आन्दोलन था। आर्य समाज ने शुरू किया था, लेकिन रूप बदल गया उसका, वह भी सनातनी हो गये।

मराठवाड़ा आन्दोलन की बात करते हुए आपने बताया कि मराठवाड़ा आन्दोलन और आरक्षण ने हमारी ऊर्जा को खत्म कर दिया। मैं आरक्षण के संदर्भ में जानना चाहूँगा कि इसने कैसे हमारी ऊर्जा को खत्म किया?

आरक्षण को लेकर जितने भी विवाद हुए हैं, हम अपनी सारी ऊर्जा उसमें लगा देते हैं। जितनी भी एक्टिविटी होती है आरक्षण बचाओ में ही लगी रहती है, पूरी ऊर्जा। हमें सामाजिक और सांस्कृतिक आन्दोलन के लिए समय ही नहीं मिलता है। जिस दलित संस्था को देखो वह आरक्षण को बचाने के लिए मोर्चाबंदी करती नज़र आती है। उसे समाज के अंदर सांस्कृतिक, सामाजिक आन्दोलन करने चाहिए थे, वह नहीं कर पाती है। इसलिए हमारी ऊर्जा खत्म हो जाती है। वह चीज़ जो हमें मिल ही नहीं रही है, यानी आरक्षण सभी जगहों पर बैन कर दिया है, कहाँ पर मिल रहा है? दूसरा एक और काम करते हैं राजनीतिक लोग, वे छोटे-छोटे समूहों को उभारते हैं, 'आरक्षण माँगो, आरक्षण माँगो।' जैसा राजस्थान में हुआ है, उत्तर प्रदेश में भी शुरू हो रहा है। अलग-अलग जातियाँ आरक्षण माँगने के लिए खड़ी हो जाती हैं, तो ये राजनीतिक कारणों से होती हैं। यह आरक्षण को खत्म करने का एक तरीका है। जब आप नौकरियाँ ही नहीं दे रहे हैं तो आरक्षण का मतलब क्या है? सारी वैकेन्सियाँ खाली पड़ी हुई हैं। आरक्षित सीटें किसी भी डिपार्टमेंट में चले जाओ खाली पड़ी हुई हैं। जब आप नौकरियाँ दे ही नहीं रहे हैं, तब कितनी ही जातियों को उसमें जोड़ लो, नौकरी आपको देनी ही नहीं किसी को, यानी जो चीज़ हमें नहीं मिल रही है, शत-प्रतिशत मिलनी चाहिए थी। उसका दो प्रतिशत भी हमें नहीं मिल रहा है। उसके लिए हम लड़ते आ रहे हैं कि आरक्षण खत्म हो रहा है, आरक्षण खत्म हो रहा है, इसको बचाने की ज़रूरत है। इसी काम में हमारी सारी एनर्जी खत्म हो रही है, हम पूरा वक्त उसी के लिए लड़ रहे हैं, 'आरक्षण

दो, आरक्षण दो', बाकी कामों से हमारा ध्यान हट गया है और यह ध्यान बँटाना सोची-समझी नीति के तहत हो रहा है।

हम आरक्षण के लिए लड़ रहे हैं पर समाज के निचले स्तर पर जीवन-यापन कर रहे लोगों को इसके बारे में पता भी नहीं है कि आरक्षण होता क्या है या मिलता कैसे है। क्योंकि वहाँ तक शिक्षा नहीं पहुँची है। वे लोग पढ़ भी नहीं पाते हैं तो उनके लिए आरक्षण होने या नहीं होने से किस तरह का फ़र्क पड़ जाएगा?

मैं वही तो कह रहा हूँ, वे जागरूक नहीं कर पाये अपने लोगों को। जो सामाजिक कार्यकर्ता हैं हमारे, उन्हें यह काम करना चाहिए था। गाँव-गाँव में जाकर लोगों को जागरूक करते, वे नहीं कर पाये, वे तो यहाँ पर दिल्ली में बैठकर या फिर अपने प्रदेश की राजधानी में बैठकर आन्दोलन कर रहे हैं।

इसी संदर्भ में कह रहा था कि गाँव के दलित बच्चे शिक्षित नहीं हो पाते हैं तो इसका क्या लाभ?

आप ज़रा शैक्षणिक संस्थानों की स्थिति देखिए कि वे दलित बच्चों के साथ कैसा व्यवहार करते हैं? इसको आप जब समझ लेंगे तो पूरे शिक्षा तंत्र की स्थिति पता चल जाएगी। और किस तरह से विश्वविद्यालयों में, कॉलेजों में नियुक्तियाँ होती हैं प्रोफ़ेसर लोगों की, वे किस आधार पर नियुक्त होते हैं? किस योग्यता के आधार पर होते हैं? जातीय आधार पर या रिश्तेदारियों के आधार पर होते हैं, आप इसका अच्छे से मूल्यांकन कर सकते हैं। मतलब रिश्तेदारियों के आधार पर और जाति के आधार पर नियुक्तियाँ हो रही हैं। आरक्षण है ही नहीं, कहीं पर लागू ही नहीं हो रहा है, तो कैसे आप पढ़ाई कर लेंगे? आप गाँव के अंदर जाकर देखिए, बच्चों के साथ कैसा व्यवहार किया जाता है कक्षा में। मिड-डे-मील के समय समूचे तंत्र की पोल खुल जाती है। मिड-डे-मील के समय दलित बच्चों को अलग बैठाया जाता है, वह भी धूप में।

आप अभी बयान कर रहे थे कि आरक्षण है, पर सही तौर पर लागू नहीं हुआ है, फिर भी कुछ लोग पढ़-लिख कर आगे आये हैं, उन्हें थोड़ा-बहुत ही सही, कुछ तो लाभ हुआ है।

हाँ, बस उतना ही है, और वही आगे बढ़े हैं और वे भी कितने प्रतिशत हैं? बहुत कम ना। उसे आप तुलनात्मक दृष्टि से देखना शुरू करेंगे तो पायेंगे

कि यह तो कुछ भी नहीं है। जहाँ शत-प्रतिशत होना चाहिए था वहाँ महज़ 2 या 3 प्रतिशत है और कितने लोगों को स्कॉलरशिप मिली है? 100 में से पाँच को मिली तो पाँच प्रतिशत। बहुत सारे विश्वविद्यालयों में पद खाली पड़े हैं। आप किसी भी जगह चले जाइयेगा, सभी जगह यही हाल है, क्यों नहीं भर रहे हैं उसे आप। यह शिक्षा तंत्र का चालाकी भरा चेहरा है, दोमुँहापन है।

आपने मराठवाड़ा के संदर्भ में बताया है कि दलित लोग एक-दूसरे के साथ मिलकर इस आन्दोलन में संघर्ष कर रहे थे। उस समय समाज के अन्य वर्गों की क्या प्रतिक्रिया थी?

वे तो दंगाई पर उतर आये थे। उस समय खूब खूनखराबा हुआ था। उन्होंने गाँव-गाँव में जाकर बहुत लोगों को मारा-पीटा था। मतलब पूरे महाराष्ट्र में जातीय दंगे हुए थे। उसमें शिवसेना सबसे आगे थी, वैसे ही जैसे गुजरात में हुआ है नरेन्द्र मोदी के समय में, वही स्थिति थी। मैं तो कहूँगा कि इससे भयानक स्थिति थी। उसे रोकने में मराठवाड़ा के लोग सफल हुए थे, मुम्बई के लोग नहीं हुए थे। विदर्भ के लोगों ने इसे रोका था। विदर्भ के लोगों ने कहा था कि ठीक है ये दंगे कर रहे हैं हम, किसी आदमी को नहीं मारेंगे। हम हिंसा में विश्वास नहीं करते और न हम किसी को नुकसान पहुँचाएँगे। इन्होंने उनके आर्थिक तन्त्र पर चोट करनी शुरू कर दी। तब जाकर दंगे खत्म हुए थे। उनको (दंगाइयों को) लगा कि रास्ता मिल गया है इनको। तुम लोग आदमी मारो हम तुम्हारे आर्थिक तंत्र को मारेंगे।

आपने अभी शिवसेना के बारे में बताया, क्या विदर्भ के लोगों द्वारा रोकने के बाद भी फिर से उन्होंने ऐसा किया? और इस समय आप इसे किस प्रकार देखते हैं?

देखिए, हमारी सबसे बड़ी उपलब्धि खैरलांजी के संदर्भ में है। इस आन्दोलन को दलितों ने जब खड़ा किया खैरलांजी के पक्ष में, उनके लोगों को सज़ा दिलवाने के लिए इसमें एक भी आदमी की हत्या या दंगा नहीं हुआ, और इतना बड़ा आन्दोलन खड़ा हुआ। पूरा महाराष्ट्र पैरालाइज्ड हो गया था। कहीं पर भी एक व्यक्ति की हत्या नहीं हुई थी। ये उपलब्धि है हमारी। हम इस पर विश्वास करते हैं कि हिंसा से न्याय नहीं मिलता। समाज के उच्च वर्गों में मराठवाड़ा जैसा माहौल नहीं था, यह एक बदलाव की निशानी है। खैरलांजी की

घटना ने दुनिया को सबक दिया लेकिन मीडिया ने इसे हाईलाइट नहीं किया। हमारी सोच परिपक्व हुई है। हम इन्सानियत में विश्वास करते हैं और उन तमाम लोगों के नकाब उतार देना चाहते हैं जो दोमुँहे हैं।

मराठवाड़ा आन्दोलन पर बात करते हुए आपने शिवसेना के बारे में बताया कि वह उस समय के दंगों में सबसे आगे थी, क्या आप यह बतायेंगे कि यह ऐसा क्यों कर रही थी? जैसा कि आपने बताया, उस समय आप महाराष्ट्र में ही थे। आपने शिवसेना का उभार देखा होगा? और आज इसका स्वरूप कैसा है?

वह दौर आज से काफ़ी भयानक था और मराठवाड़ा में तो बहुत भयानक था। इन लोगों ने दंगों में दहशत फैला दी थी और दलितों की स्त्रियों और बच्चों को मार रहे थे। उसको भूल नहीं सकता इतिहास।

जाति के संदर्भ को लेकर सवाल था कि आजकल जातियाँ मज़बूत हो रही हैं?

हाँ, जातियाँ मज़बूत हो रही हैं, बिलकुल हो रही हैं। मज़बूत हो नहीं रही हैं, वे की जा रही हैं, पूरी तैयारी के साथ।

अभी जो सवाल पूछ रहा था, वे सारे जाति केन्द्रित थे। मैं आपसे दलित साहित्य की बात करते हुए पूछना चाहूँगा कि दलित-साहित्य दलित ही लिख सकता है, यह मत हमारे सामने है और सहानुभूति-स्वानुभूति की बहस भी। इस बिन्दु पर आप क्या सोचते हैं? यह बहस हमारे सामने कैसे आई?

यह सहानुभूति से स्वानुभूति का मसला नहीं है। यह मसला है आपके जीवन के अनुभवों का। अनुभवजन्य लेखन दो तरह के होते हैं। एक तो जानकार और दूसरा सह-जानकार होता है, दोनों में अन्तर होता है। आप बतायें जानकार सही लिखेगा या सह-जानकार, ज़ाहिर-सी बात है जानकार ही लिखेगा, सह-जानकार तो सुनकर ही लिखेगा। इन दोनों शब्दों को जिन लोगों ने बना रखा है, उन्हें लड़ने दीजिए। आप इसे दूसरी तरह से समझ सकते हैं कि अनुभवजन्य लेखन और गैर-अनुभवजन्य लेखन। जैसे एक डॉक्टर है और दूसरा मरीज़, तो डॉक्टर उतना ही जानता है जो उसे बता रहे हैं। फिर वह कल्पनाओं से जोड़ता

है, ऐसे हो सकता है। डॉक्टर उस तकलीफ़ को कभी महसूस नहीं कर पाता है जो एक बीमार करता है।

रचनाकार अपनी रचना को जीता है तभी रचना में ताकत आती है तो क्या वह उसे भोग नहीं रहा है?

यहाँ पर रचनाकार जीने की कोशिश कर रहा है। जहाँ पर उसकी सोच, उसकी मान्यताएँ उसके संस्कार रास्ते में आ रहे हैं। जैसे दो छोटे-छोटे उदाहरण देखें—*नाच्यौ बहुत गोपाल* में एक दृश्य आता है, एक प्रसंग है उपन्यास की नायिका लेखक के साथ बैठकर शराब पी रही है। नशे में इमोशनल हो जाती है, अचानक वह उठती है, जाने के लिए, उसकी नज़र पड़ती है घर में एक मंदिर पर। घर के अन्दर मंदिर है, जैसा घरों में होता ही है। वह लेखक के पास आती है, ''क्या मैं मंदिर में माथा टेक सकती हूँ?'' तो लेखक हड़बड़ा जाता है कि पंडिताइन उसको अंदर आने देगी या नहीं, यह तो भंगिन है। उसने कहा, ''यह तो मैं नहीं कह सकता। यह काम तो उनका है, उन्हीं से पूछना पड़ेगा।'' वह पूछता है, ''ये मंदिर में जाना चाहती है जाने दोगी?'' ''अरे क्या हुआ, यह तो ब्राह्मण के घर में जन्मी है।'' ये वाक्य हैं उसके, ''यह तो ब्राह्मणी है।'' आप सोचिए, लेखक अंत में क्या स्थापित करने की कोशिश कर रहा है कि वह ब्राह्मणी है, इसलिए मंदिर जा सकती है, जबकि दलित होने पर नहीं, तो यह दलित लेखन हुआ कि ग़ैरदलित लेखन? आप सोचिए ज़रा, उपन्यास के अंत में जाकर उन्होंने क्या स्थापित कर दिया। अमृतलाल नागर की सोच और अपने संस्कारों ने काम किया। वे जीवन में यह मानते आये हैं कि दलितों को मंदिर नहीं जाने देना चाहिए, ये अपवित्र होते हैं। यहाँ सवाल यह नहीं है कि मंदिर जाना, नहीं जाना, लेकिन आप लेखक हैं, आपने यहाँ पर क्या स्थापित कर दिया। इस सवाल को छोड़ दो। डॉ. अम्बेडकर ने भी नासिक के कालाराम मंदिर में प्रवेश के लिए आन्दोलन किया था। हम मंदिर जाने के इच्छुक नहीं हैं, हम उन परंपराओं को तोड़ना चाहते हैं। हम बराबरी चाहते हैं, जहाँ मंदिर जाना समाज में समृद्धि और सम्मान का प्रतीक माना जाता है। दूसरा उदाहरण *गोदान* का ले सकते हैं गोबर की पत्नी गर्भवती है। वह बहुत परेशान थी, धनिया उसको घर पर लेकर आती है। जब उससे पूछा जाता है कि तुम इससे नफ़रत करती थीं, फिर भी घर पर लेकर क्यों आई हो? ''मैं इसलिए इसको

नहीं लाई कि यह एक स्त्री है। इसलिए लाई कि इसमें मेरे बेटे का बीज पल रहा है।'' यहाँ पर लेखक ने क्या स्थापित करने की कोशिश की है, मानवता या कुछ और? यहाँ पर मानवता नहीं है। यहाँ पर वह स्त्री को स्त्री की नज़र से नहीं देख रही है, यहाँ उसके बेटे का बीज होना महत्त्वपूर्ण है। मेरा खानदानी अंश उसके अंदर है, इसीलिए मैं यहाँ पर लेकर आई हूँ, उसका प्रसव कराने के लिए। यानी गलत बातें स्थापित करवा रहे हैं प्रेमचंद, धनिया के माध्यम से। यदि दलित इसी प्रकरण को लिखता तो वह यह कहता, ''कुछ भी हो मेरे बेटे की बहू है।'' दलित साहित्य में इस तरह का उदाहरण नहीं मिलेगा आपको, इसलिए यह लेखन संस्कारों से रचा-बसा लेखन है। जहाँ आदमी के संस्कार साहित्य में प्रतिबिम्बित होते हैं।

अन्य दलित आत्मकथाओं से तुलना करने पर, जूठन के शिल्प की कसावट जैसी है, वैसी हिन्दी की अन्य दलित आत्मकथाओं में कम ही है, इसकी क्या वजह है?

देखिए, हरेक लेखक का अपना तरीका है लिखने का। हर लेखक अपने ढंग से लिखता है और कई बार ऐसा होता है कि जैसे मैंने शुरू में भी आपको बताया है कि लेखन से पहले तैयारी करने में मुझे बहुत साल लगे हैं। लेखन शुरू करने से पहले मैंने इसमें तैयारी की, पूरे विश्व के साहित्य को पढ़ा है और चीज़ों को समझने की कोशिश की है। तकनीक को समझने की कोशिश की है। भाषा को समझने की कोशिश की है और इसका इस्तेमाल मैंने अपने लेखन में किया। इसलिए मुझे लगता है कि आप कोई भी काम करें, आपको सीखना पड़ता है, मात्र इमोशंस से काम नहीं चलेगा। जो भी आपको इसमें पसंद आ रहा है, उसकी कसावट, उसका भाषा प्रभाव, ये मेरे उन अनुभवों के कारण है। ये मेरे उस विश्व-साहित्य को पढ़ने के कारण है, चाहे वह हिन्दी का हो या इससे इतर भाषाओं का। उसको पढ़कर जो मैंने अर्जित किया उससे बहुत सारी चीज़ें समझने में मुझे मदद मिली है और सीखने को मिला है। जब मैंने लिम्बाले की आत्मकथा मराठी में पढ़ी तो मैं दंग रह गया, इसमें भाषा का चमत्कार है। छोटे-छोटे वाक्य हैं लेकिन प्रभावशाली हैं, तो ये चीज़ें जानने की ज़रूरत है। दया पवार की *बलुत* की जो गरिमा है, उसे समझने की ज़रूरत है। उन चीज़ों को जब समझेंगे तो स्वाभाविक तौर पर वे चीज़ें आपकी सोच को

परिपक्व करेंगी और कोशिश करेंगे कि चीज़ों को उसी रूप में देखें।

आपने *अक्करमाशी* का ज़िक्र किया है। अक्सर जब तुलना की बात होती है, तो अलग-अलग समाजों के बारे में राय व्यक्त की जाती है, यह बात ठीक है, पर *जूठन* का ज़्यादातर हिस्सा महाराष्ट्र में बिताये समय पर है। *अक्करमाशी* भी उसी परिवेश की है, तो क्या यह महाराष्ट्र में ही संभव था? आप वहाँ गए और वहाँ से ऊर्जा ग्रहण कर इस तरह की आत्मकथा लिखी। अगर आप दूसरी जगह होते तो क्या यह संभव था?

नहीं, ऐसा नहीं है क्योंकि मुझे सत्रह साल महाराष्ट्र में रहने का मौका मिला तो मेरे जीवन का खास हिस्सा वहीं बीता है। स्वत: ही वहाँ की चीज़ें मुझे प्रभावित करेंगी और किया भी, लेकिन *जूठन* के शुरू में देखिये, वहाँ तो मेरे गाँव का ज़िक्र है और मुझे लगता है कि *जूठन* के शुरू के बीस पेज महत्त्वपूर्ण हैं। आप उनको अनदेखा नहीं कर सकते हैं, वे *जूठन* की जान हैं। हाँ, मैं यह कह सकता हूँ कि महाराष्ट्र में हुए आन्दोलनों का प्रभाव मुझ पर पड़ा और मेरे व्यक्तित्व का निर्माण वहीं पर हुआ। आज मैं जो कुछ भी हूँ, महाराष्ट्र के कारण हूँ।

तब क्या *अक्करमाशी* का प्रभाव आपके जूठन, लेखन पर पड़ा है?

नहीं, ऐसा नहीं है। चीज़ों को समझने की तकनीक इन लोगों से सीखी है। दया पवार से, लिम्बाले से, प्रेमचंद से, गोर्की से, चेखव से, जेम्स वाल्डवीन से, आज भी मुझे रिचर्ड राइट प्रभावित करता है दूसरा कोई नहीं। अपनी बात को कैसे कहें छोटे-छोटे वाक्यों में। रिचर्ड राइट का भी वही कमाल है, वाक्य होते हैं, लेकिन छोटे-छोटे होते हैं। यह जानने की ज़रूरत है कि भाषा को प्रभावशाली कैसे बनाया जाता है और उसका प्रस्तुतिकरण कैसे करना होता है। वही रचना को मज़बूत बनाता है। मुझे लगता है कि *जूठन* में मैंने सहज रूप में यह इस्तेमाल किया है। छोटे-छोटे वाक्य हैं, ज्यादा लम्बे वाक्य नहीं हैं और भाषा प्रभावशाली है।

जूठन से पहले आप कहानियाँ लिख रहे थे, तो क्या भाषा के परिष्कार ने जूठन के लेखन को सर्वग्राह्य बनाया है?

हाँ, लिख रहा था। जूठन के प्रकाशित होने से पहले पत्रिका *हंस* में ही, मेरी चार-पाँच कहानियाँ छप चुकी थीं और *सदियों का संताप* कविता-संग्रह

आ चुका था। जूठन तो 1997 में छपी है। उससे पहले *हंस* में मेरी कहानियाँ 'सलाम', 'बैल की खाल', 'भय' आ चुकी थीं। भाषा का परिष्कार हुआ है।

कहानियों के संदर्भ से मुझे 'शवयात्रा' कहानी की याद आ रही है, जिसके संदर्भ में आप पर दलित लेखकों ने घर की बात बाहर करने के आरोप लगाये थे।

नहीं, देखिये! ये घर की बात कैसे हुई। हम किस बात के लिए लड़ रहे हैं! इसीलिए कि जातिवाद को खत्म करो। ब्राह्मणों में जातिवाद खराब है और दलितों में अच्छा है, कैसे? दोनों का रूप तो एक ही है, तब क्यों न हम अपनी बात करें! यह तो वैसा ही हो गया, जैसे डरबन में रंगभेद को लेकर सम्मेलन हो रहा था। यहाँ के बहुत सारे लोग दलित सवालों को लेकर जा रहे थे, तो अटल बिहारी वाजपेयी ने कहा था कि यह तो हमारे घर की बात है, इसे विदेशों में क्यों ले जा रहे हो, यानी इसे घर में खत्म नहीं करेंगे और बाहर लड़ते रहेंगे। यह तो ठीक नहीं है।

आप यह कहना चाह रहे हैं कि दलितों के अंदर जो जातियाँ हैं उन्हें खत्म करना चाहिए।

हाँ, बिलकुल सही है। ये जातियाँ खत्म होंगी, तभी हम सही समाज का निर्माण कर पायेंगे।

पहले तो आप कह रहे थे कि जातियाँ मज़बूत हो रही हैं...

नहीं, इसलिए तो हम दलित शब्द इस्तेमाल कर रहे हैं। हम चाहते हैं कि दलित जातियाँ दलित शब्द में मर्ज हो जायें। इसीलिए हम बार-बार उसकी वकालत कर रहे हैं। क्योंकि यह शब्द ऐसा है जो हमारे लिए क्रांतिबोधक है। यह हमें एक साथ जुड़े रहने की प्रेरणा देता है। हमें टुकड़ों में नहीं बाँटता है। सबके लिए वह एक ही शब्द है इसीलिए वह जातियों को खत्म करता है और यह लड़ाई हमारी बहुत मज़बूत लड़ाई है। हमारे बीच के कुछ लेखक दलित शब्द का विरोध कर रहे हैं। दलित शब्द उनको अपमानजनक लगता है, लेकिन हमें वह क्रांतिबोधक लग रहा है। इससे सारी दलित जातियाँ एक ही शब्द के नीचे इकट्ठी हो जाती हैं और उनकी अपनी पुरानी वाली पहचान खत्म हो जाएगी। जातिभेद खत्म हो जाएगा। यह बहुत बड़ा विज़न है, इस विज़न को समझने की ज़रूरत है।

आप अपनी कहानी 'शवयात्रा' और प्रेमचंद की कहानी 'क़फ़न' को किस तरह देखते हैं?

इन दोनों कहानियों के विषय अलग-अलग हैं, 'शवयात्रा' में जातिभेद का मामला है। क़फ़न में प्रेमचंद ने दिखाया है कि दलित संवेदनशील नहीं होते हैं और वे असभ्य होते हैं कि लाश घर में पड़ी है और वे वहाँ आलू खा रहे हैं बैठ के। इस तरह की चीज़ें दिखा रहे हैं, लेकिन ऐसा नहीं है। जब मेरी कहानी 'बैल की खाल' छपी थी *हंस* में, तो लोगों ने कहा था कि यह *क़फ़न* का जवाब है। मैंने कहा, ''ऐसा नहीं है, जवाब किसी चीज़ का नहीं होता है।'' हमने उस जीवन के बारे में बताया है, जिस जीवन को आप नहीं जानते कि दलित कितना संवेदनशील होता है, यह इस कहानी में मैंने बताने की कोशिश की है। इसमें दो पात्र हैं, जो मरे हुए जानवरों को उठाते हैं और उनकी खाल उतारते हैं। जब एक बछड़ी मर जाती है तो उस पर वे दोनों कैसे तड़पते हैं, यह दिखाया गया है। शहर का बनिया जब उन्हें ज़हर देता है और कहता है कि दो-चार जानवर मर जायेंगे तो खाल उतार देना! दो पैसे तुम्हारे बन जायेंगे तब वे दोनों मना कर देते हैं। यानी संवेदनशीलता देखिए उन दोनों की और यह दलितों में है, दलित समाज में है। यह मैंने अपनी आँखों से देखा है। इसको वह समाज जानता नहीं है। हमने समाज को बताने की कोशिश की है, दलित समाज इस तरह का है।

जूठन और दलित साहित्य में स्त्री सवालों के प्रति अपेक्षित संवेदनशीलता होनी चाहिए, जो नहीं दिखाई देती है।

मुझे ऐसा लगता है कि हम इस चीज़ को नज़रअंदाज़ कर रहे हैं। देखिये, मैंने चार-पाँच कहानियाँ सिर्फ़ स्त्रियों को लेकर ही लिखीं हैं और उनके अंतरमन में छुपी हुई चीज़ों को बाहर निकालने की कोशिश की है। 'अम्मा', 'बिरम की बहू', 'ग्रहण', 'जिनावर', 'यह अंत नहीं है', ये तो मुझे याद आ रही हैं। इनके अलावा 'चिड़ीमार', 'रामेश्वरी अथकथा', ये सभी कहानियाँ स्त्रियों को केन्द्र में रखकर लिखी गयी हैं। इसके अलावा कई जगह केरेक्टर खुलकर आए हैं। मुझे ऐसा नहीं लगता कि दलित साहित्य में स्त्री की वेदना को रेखांकित नहीं किया गया। अगर आप मेरी कहानियों को दलित साहित्य की कहानी नहीं मानते हैं तो बात अलग है।

कुछ दलित आत्मकथाओं में जिस प्रकार से स्त्री का चित्रण किया गया है, उसे पढ़कर यह नहीं कहा जा सकता है कि वे दलित साहित्य की श्रेणी में रखी जायें।

दूसरी आत्मकथाओं में स्त्री का चित्रण अलग से किया गया है, उनमें आपको स्त्री के प्रति संवेदना नहीं मिली यह अलग बात है। लिखनेवालों ने लिख दिया, मैं उन पर क्या बोलूँ? ऐसी आत्मकथाओं को दलित साहित्य की श्रेणी में नहीं रख सकते हैं। यदि स्त्री की वेदना को दलित साहित्य नहीं समझ रहा है, तो उसका एक पक्ष कमज़ोर हुआ है। दलित साहित्य का जो एक बेसिक कॉन्सेप्ट है उसकी अंतरंगता है जिसको कहना चाहिए आंतरिक चेतना है। उसमें ये फिट नहीं बैठेंगे तो दलित साहित्य कैसे हो सकता है? नहीं हो सकता। जैसे अगर एक मार्क्सवादी व्यक्ति, मार्क्सवाद की विचारधारा के आधार पर रचना नहीं कर रहा है और सनातनी आधार पर कर रहा है, तो वह मार्क्सवादी नहीं है। वह साहित्य भी मार्क्सवादी साहित्य नहीं होगा, सनातनी साहित्य होगा। इसमें भी वही है, इसमें सोच में फ़र्क आ रहा है तो वह रचना अलग है। यदि एक आदमी की सोच ही नहीं है, स्त्रियों के प्रति संवेदना नहीं रखता है, तो स्वाभाविक है साहित्य में भी वैसी ही चीज़ें आयेंगी। मेरा यह मानना है कि इस तरह का साहित्य दलित साहित्य नहीं हो सकता है। पाठक सबसे बड़ा आलोचक होता है, वह नकार देता है। एक ज़माने में जिन किताबों की चर्चा बहुत ज़्यादा हो रही थी, आज वे सिरे से गायब हैं और थोड़े दिनों में लोग उनको भूल जाएँगे। जो पाठक होता है, हमें उस पर विश्वास है, वह चीज़ों को समझ रहा होता है। हम जब कहते हैं कि पाठक नासमझ होता है, वह नासमझ नहीं होता है, वह सबसे बड़ा आलोचक होता है। वह उसी चीज़ को स्वीकार करता है जो उसके जीवन को छूती है, उसकी संवेदनाओं को, अनुभूतियों को छूती है। साहित्य का तो काम यही है कि मनुष्य को बेहतर बनाये, उसे कलुषित न करे, उसे घृणा की ओर न लेकर जाये, उसे प्रेम की भाषा सिखाये, सच्चा इन्सान बनाए। अगर कहीं कोई लेखक ऐसा कर रहा है, नफ़रत पैदा कर रहा है, तो वह लेखक नहीं है। यह लेखक का काम नहीं है और वो जो कर रहा है, थोड़े समय में छलनी में छनकर बह जाएगा, तलछट में चला जाएगा। आप अभी भी देखिए, शुरू में जिन रचनाओं की बहुत तारीफ़ हुई है, आज उनकी कहीं पर चर्चा भी नहीं होती है, ऐसा होता है। समय उसे छान कर रख देता है। समय के साथ नई रचनाएँ

आती हैं और जो अच्छी होती हैं वह देर तक टिकती हैं। जिन्हें पाठक स्वीकार करता है, वही देर तक टिकती हैं। आप कितनी भी पब्लिसिटी कर दो उसकी, चाहे जितनी चर्चाएँ करा लो, समीक्षा लिखवा लो, अगर उसे पाठक ने स्वीकार नहीं किया है तो रचनाएँ गायब हो जाएँगी। आप अपने अनुभव में देखियेगा बहुत सारी रचनाएँ गायब हो जाएँगी। इसलिए जो रचनाएँ समाज की अपेक्षाओं पर खरी नहीं उतरतीं या उनमें ठीक से चित्रण नहीं है, वे समय के साथ बाहर हो जाएँगी। आपकी सोच कैसे विकसित हुई है उन अनुभवों को प्रामाणिक बनाकर, अपनी सोच के अनुसार आपने रचना की, वही आपकी रचना को अच्छ या बुरा बनाता है। आप हिन्दी की किसी श्रेष्ठ रचना को उठाकर देखिये, वहाँ देखिए कि लेखक की सोच क्या है? हमारे आलोचक यहीं गलती कर जाते हैं कि उस सोच के ऊपर ध्यान न देकर, उसकी भाषा, उसकी कलात्मकता, उसका चमत्कार उसका ये, उसका वो, उसका नाम रटते रहते हैं। वही कॉलेजों, विश्वविद्यालयों में पढ़ाया जाता है, लेकिन जब उस पर चर्चा होनी शुरू होती है तब पता चलता है कि वे तो गलत पढ़ा रहे थे।

तो क्या आप मानते हैं कि दलित रचनाओं के बाद हिन्दी साहित्य ज़्यादा संवेदनशील हुआ है?

हाँ हुआ है। लोगों ने सोचना शुरू कर दिया है। पहले सोचते भी नहीं थे और अब लेखक तटस्थ होकर रचना करते हैं, किसी भी प्रकार के पूर्वाग्रह से मुक्त होकर। पर यह बदलाव पूरी तरह नहीं हुआ है। हाँ, अब पहले से बेहतर रचनाएँ आ रही हैं और दलित साहित्य ने हिन्दी साहित्य को प्रभावित किया है।

यह बात सही है कि दलित साहित्य ने हिन्दी साहित्य को प्रभावित किया है। नई रचनाएँ भी आ रही हैं, लेकिन मुझे यह लगता है कि जब तक अनुभव या भोगा हुआ यथार्थ है तब तक। जब हमारे अनुभव खत्म हो जाएँगे, जैसे कि हो रहे हैं। जो गाँव की पीढ़ियाँ शहर में आईं, उन्होंने अपनी कहानी कही, लेकिन अब आने वाली पीढ़ियाँ शहर की हैं और उनके अनुभव वे नहीं होंगे, जो कि पहले थे। तब क्या उस साहित्य को दलित साहित्य की श्रेणी में रखा जा सकेगा?

क्या शहरों या महानगरों में जाति और उससे जुड़े सवाल खत्म हो गये? शहर में एक दलित को जिस भेदभाव का सामना करना पड़ता है वह भले ही

गाँव जैसा न हो, पर भेदभाव है, वह खत्म कहाँ हुआ है। जो नई पीढ़ी आएगी उसके अपने अनुभव होंगे, जो आज घटित हो रहे हैं। हमें जैसे अनुभव हुए थे, वे ही अंतिम नहीं हैं। एक पढ़ा-लिखा दलित पीएच-डी करके जब नौकरी लेने विश्वविद्यालय में जाता है, तो उसके साथ क्या व्यवहार होता है, उसके अनुभव अलग होंगे। अपने अनुभवों को वह उसी तरह से सीमित करके नहीं देखेगा, पहले वाले अनुभव उसके परिवार के थे, जब वह आया है दिल्ली जैसे शहर में उसने क्या अनुभव अर्जित किये हैं? जब वो किराये का मकान लेने जाता है, तब उससे जात पूछी जाती है, जब वो अपने आप को दलित कहता है या एसटी, एससी कहता है, तब उसे मकान नहीं मिलता है। उसके अनुभव हमारे अनुभव से बिलकुल अलग तरह के हैं, क्योंकि हमें तो किराये के मकान मिले ही नहीं, हम झोंपड़ियों या कच्चे मकानों में रहे। हमारे अनुभव झोंपड़ियों के हैं उसके किराये के मकान के होंगे। जब वह अपार्टमेंट में मकान खरीदने जाता है और आस-पास के लोगों को पता चलता है कि यह तो दलित आ गया, वे लोग मकान बदल लेते हैं। उसके अनुभव अलग होंगे, जाति की समस्या तो वहीं की वहीं है।

हम यहाँ पर अलग तरह के अनुभव की बात कर रहे हैं तब अलग साहित्य का आग्रह भी तो होगा, तो उसका सौन्दर्यशास्त्र और उसके मापदण्ड भी अलग ही होंगे?

आज एक अलग तरह का सौन्दर्यशास्त्र तैयार हो रहा है। आज जो दलित लेखन है उसकी मान्यता अलग है, उसकी परिकल्पना अलग है। वह चीज़ जो पहले के हिन्दी साहित्य में श्रेष्ठ मानी जाती थी, वह यहाँ नहीं है। वहाँ एक महाकाव्य लिखने के लिए नायक का कुल उदात्त होना चाहिए, नायक श्रेष्ठ कुल का होना चाहिए, यहाँ दलित साहित्य में उसकी ज़रूरत नहीं है, तो ज़ाहिर है मान्यता बदल रही है। रंग-रूप को लेकर, सौन्दर्य को लेकर। आज सौन्दर्यता की परिभाषा बदल रही है। पसीने से लथपथ नाविक, उसके पुट्ठों से जो पसीना बह रहा है, मुझे वह सुन्दर लग रहा है। यानी श्रम में ही सौन्दर्य देखना, सुन्दरता के मापदण्ड बदल रहे हैं और बदलेंगे। गोरा रंग सुन्दरता का प्रतीक नहीं रह जाएगा। भारत में जितनी भी सुन्दर स्त्रियाँ या पुरुष हुए हैं, वे सब साँवले हैं। राम साँवले हैं, कृष्ण साँवले हैं, द्रौपदी साँवली है, क्यों? लेकिन हमने उन्हें भुला

दिया। हम उन्हें सुन्दरता का प्रतीक मानते-मानते भटक गये, हम गोरे रंग को ही सुंदरता का प्रतीक मानने लगे, जबकि हमारे कवि लोग, साँवलेपन को सुन्दरता का प्रतीक मान रहे थे। वाल्मीकि ने राम को साँवला दिखाया, वेदव्यास ने कृष्ण को साँवला दिखाया, द्रोपदी भी साँवली है। वह एक सुन्दरतम् स्त्रियों में से थी। मापदण्ड वहाँ थे, लेकिन हमने उन्हें भुला दिया क्योंकि हमारी आध्यात्मिकता में, हमारे संस्कारों में वह चीज़ कहीं फ़िट नहीं होती थी। आप एक चीज़ देखिये, मैं उन धार्मिक प्रतीकों पर बात नहीं करना चाहता, लोग लांछन लगाते हैं। अगर अचानक किसी व्यक्ति को कमरे में सुला दो और लाइट बंद कर दो। उस कमरे में काली की बड़ी तस्वीर लगा दो और लाइट जला दो अचानक। वह आदमी चीख कर कमरे से बाहर निकल जाएगा। यह हम कहना चाहते हैं कि जो वास्तविकता है, वह सौन्दर्य का प्रतीक होनी चाहिए, जबकि काली की कितनी महत्ता है भारत में। देवियों में अलग स्थान रखती हैं, तो उन सुन्दरता के मानकों को हमें बदलना होगा। क्यों हम इतना भयानक रूप एक देवी का दिखाते हैं। इसके चेहरे पर कोमलता क्यों नहीं है?

इसका आशय यह है कि हम अलग सौन्दर्यशास्त्र और उसके मापदण्डों की बात कर रहे हैं और उन्हीं प्रतीकों को लेने की बात कर रहे हैं, जो परंपरागत हैं?

नहीं, वो प्रतीक नहीं रहेंगे। दलित साहित्य में प्रतीक अलग आ रहे हैं। दलितों के अलग प्रतीक हैं। परंपरा में जो प्रतीक हैं, वे इसमें नहीं आ रहे हैं। आप जानते हैं कि मेरी एक कहानी 'जिनावर' है। वहाँ इसी तरह की घटना है। स्त्री को घर से निकाल दिया गया है, उसे मायके छोड़ने जा रहा है घर का नौकर। रास्ते में वह बात नहीं करती है लेकिन एक जगह रास्ते में कुएँ पर रुकते हैं तो नौकर बात करने के लिये कहता है। वह स्त्री खुल जाती है और अपना दर्द उस नौकर के सामने व्यक्त कर देती है। कहती है, ''जाओ बोल देना कि छोड़ के आ गये।'' वह बोला कि मैं लक्ष्मण नहीं हूँ, जो आपको अकेला, असहाय छोड़कर चला जाऊँ। अब बताइये कि प्रतीक बदला कि नहीं। बदल गया ना? यहाँ पर एक ही वाक्य में प्रतीक बदल गया। यह परिवर्तन दलित साहित्य में दिखाई दे रहा है और भी कई जगहों पर ऐसी चीज़ें आई हैं।

आपने बताया है कि अनुभव से आत्मकथाएँ आईं, अनुभव से कहानियाँ आई हैं, लेकिन यह लगता है कि दलित साहित्य आत्मकथाओं तक ही सीमित है, क्या साहित्य की दूसरी विधाओं में भी यह आगे बढ़ रहा है? क्या वे इसमें जुड़ रही हैं?

हाँ, बिलकुल जुड़ेंगी, क्यों नहीं जुड़ेंगी ? हिन्दी साहित्य का इतिहास 1850 से पहले कितने साल पुराना है ? कम-से-कम आठ सौ-नौ सौ साल। बताइये कितने उपन्यास हैं इसमें। बहुत कम क्यों ? 1850 से 1950 तक कितनी महिलाओं ने उपन्यास लिखे ? क्योंकि विधाएँ धीरे-धीरे विकसित होती हैं। आज सब लोग उपन्यास लिख रहे हैं। महिलाएँ भी लिख रही हैं, पुरुष भी लिख रहे हैं। यह लेखन कितने सालों बाद हुआ हिन्दी साहित्य में। फिर आप दलित साहित्य से कैसे उम्मीद कर रहे हैं कि सारी विधाएँ एक साथ आ जायेंगी ? यह आपके इमेजिनेशन का दोष है, बिना इतिहास को जाने, बिना हिन्दी साहित्य को समझे सवाल पूछ रहे हैं लोग, लेकिन वे अपने ही जाल में फँसते जा रहे हैं। एक यूनिवर्सिटी में सिलेबस कमिटी का मेम्बर था मैं, वहाँ मुझसे विद्यार्थियों ने सवाल पूछा कि 1850 से 1950 तक किसी स्त्री उपन्यासकार का नाम बताइये। बहुत कोशिश के बाद भी कोई नाम याद नहीं आया। मैंने डॉ. रामचन्द्र को बुलाया, वे जेएनयू में हैं। उनसे पूछा, उन्होंने भी नहीं बताया। हेमलता महिश्वर थीं साथ में, उनसे पूछा—‘‘आप स्त्री हैं, आप कोई स्त्री लेखिका बताइये जिसने उपन्यास लिखा हो।’’ तो उन्होंने भी कहा कि नहीं जानतीं। यानी सौ साल तक किसी स्त्री का लिखा हुआ उपन्यास नहीं आया, पुरुषों के तो हैं। देवकीनन्दन खत्री के ढेर-के-ढेर हैं, प्रेमचंद के हैं, यशपाल के हैं और भी लोग हैं वहाँ, भगवती चरण वर्मा हैं, लेखिकाएँ क्यों नही हैं वहाँ, क्योंकि धीरे-धीरे विकसित होती हैं विधाएँ, हमें इंतज़ार करना चाहिए उसका । इतने दिनों से मैंने कोई उपन्यास नहीं लिखा, इसका मतलब यह नहीं, मैं नहीं लिख सकता! ऐसा नहीं है। मेरी प्राथमिकताएँ उपन्यास लिखना नहीं हैं, क्योंकि उपन्यास एक काल्पनिक विधा है। उपन्यास नहीं लिखा तो लोग लांछन लगा रहे हैं कि उपन्यास नहीं लिखा, उपन्यास नहीं लिखा। हमारी भी कुछ प्राथमिकताएँ हैं, हमें किन छन्दों में, किन विधाओं में अपना लेखन करना है यह हमें तय करना है । जो ज़रूरी है उसको पहले करेंगे। उपन्यास को हम काल्पनिक रचना मानते हैं, कल्पना आधारित है। आत्मकथा कल्पना पर आधारित नहीं है। इसमें सच्चाई है, जीवन

का यथार्थ है। इसलिए हमने आत्मकथाएँ पहले लिखीं, उपन्यास कल्पना पर आधारित होता है इसलिए हमारे लिए वह सैकंडरी चीज़ है। किसी कृति का निष्कर्ष तो निकालिये, समाज में स्थापित क्या कर रहे हैं आप। कल्पना के आधार पर भी कर सकते हैं। मतलब उसके आखिर में जो निष्कर्ष आप निकालेंगे कि पात्र क्या चाह रहा था, परिणाम तो वह देगा ना। गोर्की को पढ़कर लगता ही नहीं है कि उनका साहित्य कल्पना पर आधारित है। उसकी *जीने राह* पढ़ कर देखिए, वह आत्मकथा है, लेकिन लोग उसको उपन्यास भी कहते हैं। उसमें जीवन का जो कटु चित्रण है वह गज़ब का है। मैं यह समझता हूँ कि दुनिया में किसी चरित्र का विश्लेषण करने की क्षमता है तो वह गोर्की में है। पात्र के नख-शिख का ऐसा वर्णन कर देता है कि उससे पता चल जाता है कि वह पात्र कैसा होगा। यह कमाल की चीज़ है गोर्की की और बहुत कम लोगों में यह चीज़ मिलती है। जो कुशलता उसे हासिल है, वह किसी के पास नहीं है। सामने से आता हुआ पात्र, उसका चेहरा ऐसा था, उसने ऐसे कपड़े पहने हुए थे। ऐसे चल रहा था, उसी से आपको पता चल जाता है कि पात्र क्या है। दो-तीन लाइनों में ही वे केरेक्टर को खड़ा कर देते हैं। बिलकुल आँखों के सामने सजीव हो आता है। जब उसके जीवन का निष्कर्ष निकालता है, वह क्यों ऐसा केरेक्टर बना है, वह महत्त्वपूर्ण है।

जब दलित लेखक उपन्यास लिखने लगेंगे, जैसा कि आप कह रहे हैं ये काल्पनिक हैं, तब भी दलित साहित्य कहा जाएगा? इसमें अनुभव की प्रामाणिकता तो नहीं होगी।

तब भी दलित साहित्य कहा जाएगा और तब उपन्यास काल्पनिक नहीं होगा, उसमें अनुभव आयेंगे उसी यथार्थ के साथ, उस पर जो कल्पना का मुलम्मा लगा हुआ है, खत्म हो जाएगा। धीरे-धीरे विधाएँ विकसित हो रही हैं, ऐसा होगा। इसमें जीवन का यथार्थ नज़दीक आएगा। अभी जीवन का यथार्थ उपन्यासों में गड़बड़ाया हुआ है, उसे नज़दीक लेकर आएँगे, समाज के यथार्थ के साथ।

ग़ैरदलित आत्मकथाएँ भी तो जीवन के अनुभव हैं, फिर ये दलित आत्मकथाओं से अलग कैसे हैं?

देखिये, ग़ैरदलित आत्मकथाएँ तो आत्मश्लाघाएँ हैं स्वयं लेखक की। वे अपने को श्रेष्ठ बताने की कोशिश कर रहे हैं। मैंने ये तीर मारे या वे तीर

मारे। मैंने ऐसा कर दिया, वैसा कर दिया। अपने को अच्छा बता रहे हैं। दलित आत्मकथाओं में ऐसा नहीं है। लिम्बाले कहीं पर भी अपने को अच्छा नहीं बता रहा है। वह दुखी है, पीड़ित है कि वह एक अवैध संतान है। वह कहीं अपनी आत्म प्रशंसा नहीं कर रहा है। ग़ैरदलित और दलित आत्मकथाओं में बड़ा फ़र्क़ है। आप बच्चन की आत्मकथा उठाकर देख लीजिए, इसमें जितने खण्ड हैं, पूरे-के-पूरे आत्मश्लाघा हैं कि मैं महान हूँ। उनमें व्यक्ति ही है, समाज नहीं।

तब आपका आशय यह है कि ग़ैरदलित आत्मकथाएँ समाज से जुड़ी हुई नहीं हैं, सिर्फ़ वैयक्तिक हैं।

हाँ, वे सिर्फ़ व्यक्ति केन्द्रित हैं, जबकि दलित आत्मकथाएँ पूरे समाज से जुड़ी हुई आत्मकथाएँ हैं। इसमें स्वयं दलित आत्मकथाकार का जीवन होता है, साथ में समाज का भी इतिहास है, उसका दस्तावेज़ है। ग़ैरदलित आत्मकथाएँ समाज का इतिहास नहीं हैं, वे आत्मकेन्द्रित हैं, अपने को केन्द्रित करके लिखी गई हैं, दूसरी तरफ़ दलित आत्मकथाएँ अपने माध्यम से समाज का पूरा खाका खींच रही हैं। एक इतिहास दे रहे हैं जीवन का, जो इतिहास अभी तक लिखा नहीं गया, उसे हम आत्मकथा के माध्यम से लिख रहे हैं।

दलित लेखन करने वाले दलित लेखकों को सिर्फ़ आत्मकथाएँ ही लिखनी चाहिए?

मैं तो कहता हूँ कि आत्मकथाएँ ज़्यादा-से-ज़्यादा आनी चाहिए। आत्मकथाएँ विभिन्न दलित जातियों से आनी चाहिए। जितनी भी दलित जातियाँ हैं, आदिवासी लोग भी हैं, उनसे भी आत्मकथाएँ आनी चाहिए, देखिये इतिहास में एक नया अध्याय जुड़ जाएगा। अभी तक ज़्यादातर आत्मकथाएँ पश्चिमी उत्तर प्रदेश से आई हैं हिन्दी में। राजस्थान से एक आध आए, मध्यप्रदेश से आये, बिहार से आये, अन्य प्रदेशों से भी आनी चाहिए। जब आएँगी तो नया इतिहास बनेगा। दलित लेखन में भी कुछ ऐसे साहित्यकार हैं, जो अपने को दलित कहने को तैयार नहीं हैं, वो तो दलित शब्द को भी अपमान बोधक मानते हैं। मैंने राजस्थान के एक दलित रचनाकार से कहा, ''राजस्थान में जो समस्या है, उन पर क्यों नहीं लिखते हो, आज भी दलित लोगों को सार्वजनिक स्थानों से पानी लेने में पीछे कर दिया जाता है। मारा-पीटा जाता है, उस पर कोई कहानी आई है आपकी?'' नहीं आई, क्योंकि वह उससे टकराना ही नहीं

चाहते हैं, उधर भी अच्छे, इधर भी अच्छे। यह स्थिति है, जब आप अच्छ बनने की कोशिश करोगे, तो अच्छा लेखन नहीं कर सकते। आप दूसरों की नज़रों में अपने आपको ऊपर उठाने की कोशिश करोगे तो समझौता है वह। मैंने परवाह ही नहीं की कि मुझे अच्छा कहा जाएगा या बुरा कहा जायेगा।

आपका मतलब है कि किसी भी लेखक को समाज सापेक्ष या समाज के यथार्थ को सामने लाने वाला लेखन करना चाहिए, बिना किसी पूर्वाग्रह के, तटस्थ होकर?

आपकी बात किसी हद तक सही है। लेकिन एक चीज़ मुझे बताएँ कि लेखन में पूर्वाग्रह नहीं होना चाहिए, लेकिन तटस्थ होने का अर्थ आज तक मुझे समझ नहीं आया। तटस्थ होकर आप किसी समस्या से जूझ ही नहीं सकते, वो भी अच्छा है, ये भी अच्छा है। आपको अपनी राय तो देनी ही होगी। अगर आप राय नहीं दे रहे हैं तो फिर आपके लिखने का कोई औचित्य नहीं है। आपकी राय क्या है, समाज के बारे में। जीवन के बारे में, व्यक्ति के बारे में यह तो बताना ही होगा।

आपका मतलब यह है कि समाज को दिशा देने वाला साहित्य ही सच्चा साहित्य है।

हाँ, वही सच्चा साहित्य होता है। इसी तरह के साहित्य की रचना करनी चाहिए। कितना बड़ा रिवोल्युशन पैदा कर देता है बालजाक फ्रांस में अपने लेखन के माध्यम से। गोर्की की *मदर* माइलस्टोन है वो स्त्री जो पढ़ी-लिखी भी नहीं है, घर के काम में लगी रहती है, लेकिन अचानक वह पम्फ़्लेट बाँटने चली जाती है और वहाँ पकड़ी जाती है। यह साहित्य एक दिशा दे रहा है समाज को। हिन्दी में ढूँढ़ने से भी यह नहीं मिलता। आप जिस तटस्थता की बात कर रहे हैं, बुद्ध में गज़ब की विशेषता मिलती है। वे सिर्फ़ अपनी बात कहते हैं कि किसी को क्रिटीसाइज़ नहीं करते हैं। क्रिटीसाइज़ करने से द्वेष बढ़ता है, अपना रास्ता देखिए, रास्ता सही है और अच्छ लगेगा तो लोग आयेंगे। आप दूसरों को चिढ़ा के, जैसा कि ब्राह्मणवाद को गरियाना, एक समय था, वह खत्म हो गया। उसे खत्म करना चाहिए, अब गरियाने की कोई ज़रूरत नहीं है, आप सिर्फ़ अपनी बात कहिये। उनको लगता है कि उनका रास्ता सही है या वे बीमार ही रहना चाहते हैं, तो बीमार रहें। आप स्वस्थ होकर दिखाओ ना, लेकिन आप उनको भी

गरियाएँ और खुद को भी जातिवाद में फँसाये रखें! यह तो गलत है, उनका दोष दोष है और ये निर्दोष हैं। अभी कुछ दलित साहित्यकारों की किताबें आईं, तो मैंने एक सवाल पूछा कि अगर ये जो आप बोल रहे हैं, दलित साहित्यकार हैं, तो प्रेमचंद और अमृतलाल नागर ने क्या गुनाह किया है। उनको क्यों नहीं मान रहे हैं आप। कहने का आशय यह है कि चीज़ों को बुनियादी तौर पर समझने की ज़रूरत है। आप जब कोई नया काम कर रहे होते हैं तो उसे परिभाषित करना होता है। अगर बिना परिभाषित किए आगे बढ़ रहे हैं, तो कहीं-न-कहीं जाकर प्रतिरोध होगा, व्यवधान आ जाएगा। यह सबसे बड़ी गलती हुई है मार्क्सवादियों से हर कोई मार्क्सवादी है और उनकी रचनाएँ उठाकर देख लो तो कहीं मार्क्सवाद दिखाई नहीं देता है।

तो उन्हें मार्क्सवादी कैसे कहेंगे?

वही तो मैं कह रहा हूँ कि कौन मार्क्सवादी है। परिभाषित करना होगा उसे। डंके की चोट पर बोल रहे हैं। लोग बोलते हैं, एक हिन्दी के कवि जिनको साहित्य अकादमी पुरस्कार भी मिला है, ने खुल के कहा कि मैं मार्क्सवादी हूँ लेकिन ज़रा उनकी रचनाओं को उठाकर देख लीजिए, उनकी रचनाओं में कहीं मार्क्सवाद नहीं दिखाई देता है। कलावादी कविताएँ हैं सभी।

अक्सर जाति को वर्ग में बदलने की बात की जाती है, यदि जातियाँ समाहित हो जाएँ तो जाति अपने आप खत्म हो जाएगी। जैसा कि आपने पहले एक दलित शब्द के नीचे आने की बात कही तो क्या यह एक वर्ग बनाना नहीं है?

नहीं, जो ऊपर बैठे हुए लोग हैं, वे जाति से मुक्त नहीं हो पा रहे हैं और जब तक जाति से मुक्त नहीं होंगे तब तक वर्ग का निर्माण नहीं हो सकता, अगर ऐसा होता तो एक सम्पन्न दलित को वही सम्मान मिलता जो एक सम्पन्न ब्राह्मण को मिल रहा है। वहाँ पर भी भेद है, जगजीवन राम उप-प्रधानमंत्री बन चुके थे। बनारस यूनिवर्सिटी में संपूर्णानंद की मूर्ति का उद्घाटन करने जाते हैं, जब उद्घाटन करके आ जाते हैं, तब उस मूर्ति को गंगाजल से धोया जाता है कि एक अछूत ने उसका उद्घाटन किया है, जबकि वे एक सम्पन्न और प्रधानमंत्री पद के दावेदार आदमी थे। कहाँ है, वर्ग। कलेक्टर जैसे पद के लिए देश के कई हिस्सों में जब उनका ट्रांसफ़र हो जाता है, तब उसकी कुर्सी को गंगाजल से धोया

जाता है। यहाँ पर कहाँ है वर्ग और वर्ग का आधार क्या है। भारत में वर्ग हैं ही नहीं, यहाँ पर वर्ण हैं। जब तक वर्ण नहीं टूटेगा, वर्ग नहीं बन सकता। भारतीय मार्क्सवादी घर के बाहर वर्गवादी और घर के अंदर वर्णवादी हैं।

मैं यहाँ पर जूठन से एक बात कहना चाहूँगा कि उसके नायक के साथ जितनी भी समस्या है, वो सिर्फ़ गरीबी के कारण है, वहाँ पर जाति जैसी बात कुछ ही जगहों पर दिखती है।

नहीं, गरीब होने के कारण समस्या नहीं है। क्योंकि गरीब तो और भी हैं हमारे जैसे उनके साथ यह समस्या नहीं है, ब्राह्मण भी गरीब हैं उनके साथ हमारे जैसा भेदभाव नहीं है। जैसे गरीब ब्राह्मण और गरीब दलित को देख सकते हैं। यहाँ दोनों बराबर नहीं हैं। गरीब ब्राह्मण सामाजिक हैसियत में दलित से ऊँचा है। रास्ते में चलता हुआ कोई भी उसे पंडितजी बोलता है, जबकि दलितों के साथ ऐसा नहीं है। जिस उम्र में हम थे, उस समय छोटे-छोटे बच्चों को भी 'पायलाग पंडितजी' बोलते थे और हम उनसे छह फुट दूर जाकर खड़े हो जाते थे। यह गरीबी के कारण नहीं था, जाति के कारण था और हमें गरीब करने में जाति का बहुत बड़ा हाथ है। वर्ण व्यवस्था का बहुत बड़ा हाथ है। भारत में दो चीजें एक साथ थीं एक दान प्रथा और दूसरी बेगार प्रथा। बेगार प्रथा किसके हिस्से में थी—दलितों और आदिवासियों के, उनसे दिनभर काम करवाते थे, शाम को कुछ नहीं देते थे, वे तो गरीब हो गये ना। एक ब्राह्मण कुछ नहीं करेगा, फिर भी उसे दान-दक्षिणा दी जा रही है, तो कौन हुआ गरीब और किस आधार पर, जाति के आधार पर हुआ या किसी और। यहाँ तो जाति के आधार पर ही हुआ है। गरीब किया गया है इनको, हमारे धर्म ग्रंथों में, चाणक्य जैसे व्यक्तियों ने कहा कि दलितों-शूद्रों के पास सम्पत्ति नहीं होनी चाहिए, उसे छीन लेना चाहिए और राजा का यह हक है कि वह सम्पत्ति छीन कर ब्राह्मणों में बाँट दे। तो गरीब तो किया गया है जानबूझकर ताकि ये ताकतवर न बन जायें। अब और देखिये कि एक व्यक्ति दिन भर खेत में काम करता है, उसके बदले में उसे क्या मिलता है गाँव में, कुछ अनाज मिलता है थोड़ा-सा, पैसे तो नहीं मिलते हैं। एक ब्राह्मण जो सिर्फ़ हवन कराकर आएगा, मुश्किल से एक घण्टा काम करेगा तो उसे क्या मिलेगा! पैसे, ज़ेवर, सोना, चाँदी भी चढ़ता है, आटा और अन्य सामान। यानी एक आदमी जो दिनभर मशक्कत का काम करता है, उसे कुछ भी नहीं मिल

रहा है। एक आदमी कुछ मन्त्रों को थोड़ा-सा रटकर बोल रहा है, कुछ भी नहीं कर रहा है वह, शब्द भी गलत बोल रहा है। संस्कृत के जो श्लोक बोल रहा है, उनका गलत उच्चारण कर रहा है, उसे ज्यादा पैसे मिल रहे हैं, इसका आधार क्या हुआ, जाति हुई ना! फिर कहाँ! यानी गरीबी भी जाति आधारित है। ये बारीक चीजें हैं इनको समझने की बहुत ज़रूरत है। ऐसे-ऐसे हथकंडे अपनाए हुए हैं कि पूरे भारत भर में सत्यनारायण की कथा कही जाती है। सुनी है कभी, लेकिन वहाँ पंडितजी यही बात बताते हैं कि लीलावती ने, कलावती ने सत्यनारायण की कथा सुनी, लेकिन कथा क्या थी, उसे नहीं सुनायेंगे। वह कथा क्या थी, वह तो नहीं सुनाई, सिर्फ़ कह रहे हैं। यानी कोई कथा तो होगी, वह क्यों नहीं सुना रहे हैं, क्योंकि कोई कथा है ही नहीं। एक जगह मैंने पंडित जी से पूछ लिया, मैं बैठा हुआ था वहाँ। मेरे एक दोस्त के घर में, सब उठ गये, मैं बैठा रहा, तो सब लोग आये और बोले, ''चलिये भाई साहब उठिये यह हो गया है।'' मैंने कहा, ''नहीं, अभी कथा तो शुरू ही नहीं हुई है?'' और पंडित जी अपनी दक्षिणा को समेटने में लगे हुए हैं। मैंने कहा, ''पंडित जी कथा तो सुनाओ।'' उन्होंने कहा कि हो गई। मैंने कहा कि आपने तो लीलावती, कलावती की कथा सुनाई, सत्यनारायण की कथा कहाँ है? उन दोनों ने कौन-सी कथा सुनी, वह सुनाओ ना। अब वह जानता हो तो बताये, यानी सब झूठ के सहारे चल रहा है और हज़ारों सालों से चलता आ रहा है, सब वाह-वाह कर रहे हैं। ऑस्ट्रेलिया के पत्रकार ने जयपुर फ़ेस्टिवल में मुझसे एक सवाल पूछा कि कहा जाता है कि दलितों के पास ज्ञान की कमी है। 'दे डॉन्ट हेव नॉलेज।' मैंने कहा कि किताबों को रट लेना इज़ ऑनली नॉलेज? खेत में किस सीज़न में कौन-सा बीज डाला जाये, कब उसकी निराई-गुड़ाई की जाये, कब उसको पानी दिया जाये, कब उसमें खाद डाली जाये, इट इज़ नॉट ए नॉलेज? एक मकान बनाने में कितना एंगल दिया जाये, कितनी ईंटें लगाई जायें, क्या यह ज्ञान नहीं है? क्या सिर्फ़ घर के अंदर रहना और घर को सजाना, यह ज्ञान है? आप जानते हैं कि यह पण्डाल किसने बनाया है? किसी ब्राह्मण ने बनाया? नहीं यह एक दलित का बनाया हुआ होगा, पता कर लीजिए यह या किसी मुसलमान का बनाया हुआ होगा। ब्राह्मण यह नहीं बना सकता। जितने भी महत्त्वपूर्ण मोनूमेंट्स भारत में बने हैं, वे किसी ब्राह्मण ने नहीं बनाये हैं। भारत की कोई महत्त्वपूर्ण कृति ब्राह्मण ने नहीं लिखी है। *रामायण* वाल्मीकि ने लिखी, *महाभारत* वेदव्यास ने लिखी, संविधान डॉ. अम्बेडकर ने—कोई भी ब्राह्मण नहीं

थे। सोच के देखिये ज़रा! तब आप कैसे कह रहे हैं कि उनके पास ज्ञान नहीं है। और ज्ञान का क्या मतलब होता है? इसका मतलब वे सब झूठ बोल रहे हैं। हाँ, सब झूठ बोल रहे हैं। यह ऑस्ट्रेलिया के अखबार में छपा था—'दे आर लायर, डॉन्ट काल मी हिन्दू, इट इज़ ए अब्यूज़ फ़ॉर मी'—टाइम्स ऑफ़ इंडिया में छपा था। तो इन चीज़ों को जानने की, समझने की ज़रूरत है।

आपने बताया कि आपने विश्व साहित्य पढ़ा है, उससे ऊर्जा ग्रहण की। अब आप लेखन में उनका संदर्भ देखते हैं और रचना के साथ न्याय कर पाते हैं। मैं आपसे यह जानना चाहूँगा कि यूरोपीय रेनेसां के मूल्यों ने दुनियाभर को प्रभावित किया, आपका इस संबंध में क्या कहना है?

जिस रेनेसां की बात हमारे यहाँ पर हो रही है। वह 1850 के बाद से हो रही है और 1850 से जो नवजागरण काल है, मैं उसे पूर्ण हिन्दुत्वादी मानता हूँ। उसका बड़ा प्रमाण यह है कि जो लोग नवजागरण पर बात कर रहे हैं, वे एक खास विचार से, एक दृष्टिकोण से, कह रहे हैं। वे ज्योतिबा फुले को बिलकुल भूल जाते हैं, जबकि फुले ने स्त्रियों की शिक्षा के लिए सबसे पहले काम किया। सावित्री बाई फुले ने बहुत सारी तकलीफ़ें उठाकर शिक्षा पर ज़ोर दिया। एक बहुत बड़ा चेन्ज बैकवर्ड जातियों और दलित जातियों में आना शुरू हुआ था, पूना जैसे शहर में। उसकी बात रेनेसां वाले नहीं करते, वे सिर्फ़ उन्हीं लोगों की बात करते हैं। मैं इसी संदर्भ में एक बात और कहना चाहता हूँ। हमारे हिन्दी के बहुत बड़े लेखक हैं, भारतेन्दु हरिश्चन्द्र। मुझे उनका यह नज़रिया कतई पसंद नहीं आया कि वह अंग्रेज़ी के बारे में कुछ नहीं कह रहे हैं बल्कि अंग्रेज़ी में ही सारी चिट्ठी-पत्री कर रहे हैं और उर्दू का विरोध कर रहे हैं। ये कैसा रेनेसां है? उर्दू भाषा भारत में ही जन्मी है, उसका आप विरोध कर रहे हैं, उनके लेख उठाकर देख लीजिए। भारतेन्दु जी उर्दू विरोधी हैं और हम उन्हें सर आँखों पर बैठाये घूम रहे हैं। तो मुझे यह लगता है कि इस तरह के नवजागरण की कोई आवश्यकता नहीं थी।

मैं आप से पूछ रहा था, रेनेसां के मूल्यों के बारे में—स्वतंत्रता, समानता और भाईचारा के प्रभाव के बारे में आप क्या कहेंगे, जिसने पूरी दुनिया को सोचने के लिये प्रेरित किया था।

उसमें भी वही है, उस नवजागरणकाल में हमारा बन्धुत्व मुस्लिम को छोड़ के है, दलितों को छोड़ के है। जब दलित विचार शुरू हो गये, तब उसमें

दिखाने की कोशिश की जाती है, लेकिन उस समय के लेखन से, ये दोनों गायब हैं। मुसलमान को भी किनारे कर दिया जाता है, दलित को भी किनारे कर दिया जाता है तो, यहाँ पर बंधुता, स्वतंत्रता, समानता कहाँ पर हुई? पूरा भारतीय समाज असमानता पर आधारित है और असमानता पर आधारित समाज कोई नवजागरण दे सकता है, ऐसा मुझे नहीं लगता। जो कुछ भी है उसे उठाकर देख लीजिए, आज भी मेरा मानना है कि भारत का महान से महान विद्वान *वेद, पुराण, महाभारत, उपनिषद्* से आगे नहीं बढ़ता, ये लोग वहीं पर अटके हुए हैं और जब तक ये लोग वहीं पर अटके रहेंगे, तब तक नए विचारों को ग्रहण कर ही नहीं पायेंगे। उन्हें असमानता पर आधारित विचार ही अपील करता है। उस आधार पर वे आगे बढ़ते हैं।

मैं यह पूछना चाह रहा हूँ कि यूरोपीय रेनेसां के मूल्यों ने पूरी दुनिया को प्रभावित किया—इस पर आपका क्या कहना है?

मैं ऐसा नहीं मानता। कहते हैं, प्रभाव डाला था यूरोपीय रेनेसां के मूल्यों ने। लेकिन भारतीय नवजागरण ने पूरे भारत को प्रभावित नहीं किया था। भारतीय नवजागरण की शुरुआत बंगाल से हुई थी। जब वह बाकी प्रदेशों में आता है तो वहाँ पर भी वैसा ही है। बंगाल में उस रेनेसां काल में लेखन हुआ है। उसे उठाकर देख लीजिए, खासतौर से बंगाल का वह सारा का सारा हिन्दुत्ववादी लेखन है। इसलिए यह रेनेसां हिन्दुत्वादी विचारों का रेनेसां है। उस रेनेसां से भारतीय समाज पर कुछ भी प्रभाव नहीं पड़ा, पड़ता तो बदलाव आता। हमें तो बदलाव दिखाई नहीं दे रहा है। उसका एक और उदाहरण देना चाहता हूँ कि आर्य समाज का जन्म भी उसी वक्त हुआ था। उसी रेनेसां के काल में, दयानन्द जी ने शुरुआत की, चाहे इसकी शुरुआत गुजरात से हुई थी। आर्य समाजी प्रभाव लाहौर से लेकर उत्तर प्रदेश तक दिखाई देता है। लेकिन बाद में उसका रूप बदल गया? आर्य समाज जो सामाजिक बदलाव के लिए शुरू हुआ था, वह हिन्दुत्ववादी हो गया। यह बदला कहाँ! यह तो उल्टा वापस चला गया। आज उसका ज़ोर इसी बात पर है कि अतीत का गौरवगान करे। सबसे बड़ी पहचान यह है नवजागरणकाल की कि वह अतीत के बारे में क्या धारणा रखता है। उस अतीत के बारे में क्या धारणा है जो दलितों को मनुष्य भी समझने को तैयार नहीं है।

मेरे कहने का आशय यह है कि आप उस समय के रचनाकारों को देखिये जो बांग्ला में लिख रहे थे। उनकी रचनाओं को उठाकर देख लीजिए वे सारी की सारी रचनाएँ कहीं-न-कहीं अध्यात्मवाद से जुड़ी हुई हैं। हिन्दू धर्म की तमाम उन चीज़ों से जो अतीत का गौरवगान कर रही हैं। जब एक दलित अतीत के बारे में सोचता है तो अतीत उसके लिए एक अँधेरा लेकर आता है। इस पर बंगाल के लेखक या विद्वान बात नहीं कर रहे हैं। हाँ, इक्का-दुक्का लेखकों को छोड़ दीजिए, जैसे राजा राममोहन राय हैं, स्त्रियों के अधिकारों की बात कर रहे हैं। वे भी बहुत बाद में आये। अट्ठारहवीं शताब्दी के आस-पास वो स्त्रियों के अधिकारों के लिए बोल रहे हैं। सती प्रथा के खिलाफ़ आवाज़ उठाई, दलितों के बारे में बात नहीं कर रहे हैं। दूसरे लोग भी दलितों के लिए बात नहीं कर रहे हैं। और उस नवजागरणकाल में दलित कहीं पर भी नहीं हैं। 1850 के आस-पास देखें तो ज़रूर नवजागरणकाल में हमारे विद्वान जो कहते हैं, रेखांकित करते हैं वहाँ पर ज्योतिबा फुले का नाम आना चाहिए था। मैं समझता हूँ कि अगर किसी ने उस काल में सामाजिक कार्य किया है, तो वह ज्योतिबा फुले जैसे व्यक्ति ने किया। जो नवजागरणकाल की देन नहीं है। उन्होंने भारतीय स्थितियों से प्रेरणा ली थी।

आप भारतीय नवजागरण की बात कर रहे हैं?

हाँ, भारतीय नवजागरण की।

मैं जानना चाहता था कि यूरोपीय नवजागरण का भारत में क्या प्रभाव पड़ा था? क्या इससे यहाँ कोई बदलाव शुरू नहीं हुए थे? मुझे लगता है कि बदलाव शुरू हुए थे जैसे शिक्षा के प्रति जागरूकता।

आप एक-आध उदाहरण दीजिए कि किस जगह से बदलाव शुरू हुए थे?

भारत के समुद्री इलाकों में आवागमन के साधन बढ़े, व्यापार शुरू हुआ और लोग विदेश यात्राएँ भी करने लगे। वहाँ के समाज और उसकी व्यवस्था को उन्होंने देखा। उसके बाद वे अपने समाज की तुलना उन देशों के समाज से करने लगे। उन देशों के पास ये मूल्य मौजूद थे, जबकि भारत में नहीं थे। जैसे शिक्षा आदि ग्रहण करने की चेतना। पहले हम बात कर चुके हैं कि महाराष्ट्र का समाज उत्तर भारत के समाज से ज्यादा आधुनिक है। इसका एक कारण उसका समुद्री इलाका होना है। और आगे मैं यह

कहना चाहूँगा कि उपनिवेशों के लोगों ने यूरोप की यात्राएँ कीं और वहाँ के समाज को समझा और उन मूल्यों को भारत में भी देखने का प्रयास किया। जिनमें डॉ. अम्बेडकर स्वयं एक उदाहरण हैं।

अगर आप यह बात कह रहे हैं, तो आज की तारीख में जो भारतीय विदेशों में जाकर पढ़ाई कर रहे हैं, बीस-बीस सालों से वहाँ रह रहे हैं, उनके अंदर जातिवाद खत्म हो जाना चाहिए था। लेकिन जब भी वे भारत आते हैं तब कट्टर जातिवादी होते हैं। विदेशों में उन्होंने अपने अलग-अलग टापू बना रखे हैं। उन्होंने यूरोप में, अमेरिका में, फ्रांस में जो टापू बना रखे हैं उनमें दलित नहीं हैं। मैं तो कहूँगा वे घरौंदे हैं। अगर रेनेसां के मूल्यों का प्रभाव पड़ा होता तो निश्चित तौर पर वे बदले हुए होते, पर वे नहीं बदले। आज भी वे लोग खान-पान, पारिवारिक व्यवहार तक में जाति को मान कर चलते हैं। स्त्री के बारे में आज भी उनके विचार नहीं बदले हैं। जो उस नवजागरणकाल की भूमि में गये हैं, आज भी स्त्री को लेकर वे उसी तरह से व्यवहार करते हैं। जो यूरोप में बीस-बीस, पच्चीस-पच्चीस सालों से रह रहे हैं, उनकी कई पीढ़ियाँ गुज़र गईं, जब उनसे बात करेंगे तो उनके व्यवहार में दिखाई देगा कि उनके विचार स्त्रियों के प्रति आज भी वैसे ही दकियानूसी हैं। आप बतायें अंग्रेज़ यहाँ कब आये? आप ज़रा इतिहास उठाकर देखिए कि रूस में बिज़नेस करने वाले लोगों की एक पूरी कॉलोनी थी 1700 में। यानी वहाँ बिज़नेस तो पहले से भी चल रहा था और भारतीयों ने समुद्री रास्ते से व्यापार करने जाने पर प्रतिबंध लगा रखा था। समुद्र के रास्ते यूरोप जाना मतलब जाति से बहिष्कृत हो जाना था। यह समस्या गाँधी के सामने भी आई थी। यानी उस समय जब रूस में व्यापार को लेकर कॉलोनियाँ बनी हुई थीं, जो आज भी मौजूद हैं, तब तक तो अंग्रेज़ भारत में आये भी नहीं थे। दूसरे देशों में भी हैं, चीन से भी व्यापार संबंध थे। पूर्वी राज्यों की सीमाओं पर व्यापार के केन्द्र बने हुए थे। तो हम कैसे कह सकते हैं कि यह नवजागरण की देन है। साधन कम थे क्योंकि जब दुनिया नज़दीक आने लगी तो रास्ते खुलने लगे। यह नवजागरण की देन नहीं है। अंग्रेज़ों ने नवजागरण से पहले भी लोगों को पढ़ने बाहर भेजा है। नवजागरण तो बाद में शुरू हुआ था। अंग्रेज़ों ने यहाँ पर बहुत सारे समाज-सुधार के कार्यक्रमों में हाथ बँटाया था लेकिन एक चीज़ को लेकर वे सचेत रहे कि उन्होंने भारत के जाति भेद पर

हाथ नहीं डाला। उन्हें पता था कि पूरा भारत उनके खिलाफ़ हो जाएगा। इसलिए उन्होंने बड़े-बड़े पदों पर हमेशा उच्च वर्णीय लोगों को बैठाया। मुगलों ने भी यही काम किया, उस बिन्दु को उन्होंने भी नहीं छुआ। इसलिए कैसे यह मान लें कि नवजागरण के तहत बदलाव हुए थे और इसका प्रभाव भारत पर पड़ा।

जाति का यह विस्तृत रूप अंग्रेज़ों द्वारा शोध आदि करने के बाद ही सामने आया था?

नहीं, हम ऐसा नहीं मानते, हमारी यह राय नहीं है। बुद्ध का आन्दोलन अंग्रेज़ों से पहले का है, वे जाति के खिलाफ़ थे। उसके बाद हमें लगातार इसके उदाहरण मिलते हैं। सिद्ध, नाथ जातियों के खिलाफ़ थे। ज्योतिबा फुले नवजागरण काल की देन नहीं हैं, वे सामाजिक व्यवस्था की देन हैं, वे जाति के खिलाफ़ हैं। अगर डॉ. अम्बेडकर किसी से प्रभावित हुए हैं तो सिर्फ़ बुद्ध और ज्योतिबा फुले से हुए हैं, वे नवजागरणकाल से प्रभावित नहीं हुए थे। अंग्रेज़ों की ज़रूरत थी कि भारतीय उनके देश जाएँ, वहाँ अंग्रेज़ों के तौर-तरीके सीखें और शासन करने में मदद करें। उस समय के सारे विदेश में पढ़े हुए लोग अंग्रेज़ों की मदद कर रहे थे। तभी तो अंग्रेज़ यहाँ मज़बूती से टिके रहे। अंग्रेज़ अंग्रेज़ी भाषा के प्रति ज़ोर नहीं देते और यहाँ के लोगों को नहीं सिखाते तो वे ज़्यादा देर तक यहाँ टिके नहीं रह सकते थे। इन्हीं पढ़े-लिखे लोगों के कारण यह संभव हो पाया था। मैं कतई यह मानने को तैयार नहीं हूँ कि अंग्रेज़ों के कारण ही डॉ. अम्बेडकर सामने आये। वे बुद्ध और ज्योतिबा फुले के कारण सामने आये थे।

अंग्रेज़ी सीखना बदलाव है या नहीं, संस्कृत पर तो एकाधिकार था, आधुनिक शिक्षा थी। मैं आपकी बात को समझते हुए यह कहूँगा कि शिक्षा के प्रति नज़रिया अंग्रेज़ों के आने के बाद ही बदला था। इस बारे में आप क्या कहेंगे?

नज़रिये का बदलाव समाज में नहीं हुआ था। अगर अंग्रेज़ों के आने के बाद समाज बदलता तो उन्हें संस्कृत पढ़ने से नहीं रोका जाता। डॉ. अम्बेडकर ने एम.ए. में संस्कृत पढ़ने की कोशिश की थी। उसके बदले में उन्हें फारसी पढ़नी पड़ी। उनको पढ़ाने से मना कर दिया गया था, यह तो अंग्रेज़ों के ज़माने की बात है। अंग्रेज़ों के यहाँ पर आने से कोई बदलाव नहीं आया था।

उस समय अंग्रेज़ों ने बहुत सारे काम शुरू किये, जैसे रेल का काम, रेल लाइन बिछाने का काम। अंग्रेज़ों ने अपने व्यापार को फैलाने के लिए रेल चलाई थी। इससे काफ़ी बदलाव आये थे, रेल के कामों में दलित लोगों को रोज़गार मिला था। क्या यह बात सही है?

हाँ, दलितों को रोज़गार मिला, चाहे मुगल रहे हों, अंग्रेज़ या वर्तमान हिन्दुत्ववादी नेता, मेहनत-मज़दूरी के सारे काम दलितों को करने होते हैं। मज़दूर तो यही वर्ग है, सर्वहारा तो यही है, ये यही काम करेंगे। आप बताइये ज़रा, कितने प्रतिशत ब्राह्मण मज़दूर हैं और कितने प्रतिशत क्षत्रिय मज़दूर हैं, कितने बिज़नेसमैन मज़दूरी करते हैं, वो तो दिया हुआ काम है, उनको वही काम दिया जाता है। जो तकलीफ़देह है वह मज़दूर के हिस्से में आता है और जितने भी अस्वच्छ कार्य हैं, वे दलितों के हिस्से में आते हैं। ये सारे काम तो वही कर रहे हैं। इसलिए इस काम में अंग्रेज़ों ने कोई तीर नहीं मारा था। समाज के विभाजन के अनुसार ही दलितों को काम दिया गया था। रेल जब शुरू हुई, उसके बाद क्या हुआ, आपको पता है? जब दलित टिकट लेने जाता था तो उसके पैसे को एक किनारे रखा जाता था और उस पर गंगाजल छिड़का जाता था। तभी उसे लिया जाता था। उसे टिकट भी नहीं मिलता था। उन्हें कम्पार्टमेंट में जगह नहीं मिलती थी। दरवाज़े के पास बैठना पड़ता था, लेटरीनों के पास बैठना पड़ता था। एक बार जब गाँधी जी को रेल कम्पार्टमेंट से धक्का दिया तो तूफ़ान मच गया था और दलितों को रोज़ धक्का दिया जाता था तो कुछ भी नहीं होता था, इसके बारे में किसी लेखक ने नहीं लिखा है। आप अरुण खड़से की किताब में पढ़िये 'नरक सफ़ाई', उसमें बताया गया है कि गुजरात से मुम्बई आने वाले दलित लोगों को कितनी यातनाएँ सहनी पड़ती थीं। वे रेल में भी सफ़र नहीं कर सकते थे। यह बात पुरानी नहीं है, यह रेल शुरू हुई तब की बात है।

आपने यह बताया है कि यहाँ पर जितने भी परिवर्तन हुए थे, बुद्ध, फुले और अम्बेडकर की वजह से हुए थे, प्रबोधन से निकले मूल्यों ने यहाँ के परिवर्तन पर प्रभाव नहीं डाला था। क्या आप थोड़ी अलग बात नहीं कर रहे हैं?

क्योंकि हमारे यहाँ पर यह बताया जा रहा है कि यहाँ पर आये बदलाव इन लोगों द्वारा नहीं लाये गये हैं। ये बदलाव अंग्रेज़ों, मुगलों, *महाभारत* द्वारा

लाये गये हैं, यह हमें बताया जाता रहा है। इसलिए हमारी सोच में वही चीज़ बैठी हुई है, हम उसी को दोहराते रहते हैं। आज हमें हिन्दी साहित्य में वही पसंद आता है जो आलोचकों ने हमें बताया है। जिसे पाठ्यक्रमों में लगाया गया है और रोज़ रट-रट कर पढ़ाया जाता है, उनको दूसरी रचनाएँ पसंद नहीं आती हैं। आप एक चीज़ और देखिए, माक्सवाद आया दुनिया में, हमारे यहाँ के बुद्धिजीवियों ने उसे ऐसे पकड़ा जैसे भाग के पकड़ते हैं और सारे लोग फ़ैशनेबल माक्सवादी बन गये। बड़े-से-बड़े विद्वान को देखो, वह माक्सवादी हैं। लेकिन उनको तुलसीदास, रवीन्द्रनाथ टैगोर, निराला बहुत अपील करते हैं। यानी उनकी सोच में कहाँ अंतर आया। एक माक्सवादी जब तुलसीदास की तारीफ़ कर रहा होता है तो मुझे हँसी आने लगती है कि यह आदमी झूठ बोल रहा है। या तो यह माक्सवादी नहीं है या अपने को कट्टर हिन्दूवादी कहलवाना पसंद करता है। चाहे वह कितना ही बड़ा माक्सवादी क्यों न हो ? 'तुलसीदास ! तुलसीदास !' क्यों ? जबकि तुलसीदास सामंतवादी, ब्राह्मणवादी, स्त्री-विरोधी और दलित-विरोधी हैं।

हम ऐसे लोगों को क्यों माक्सवादी मानें जो इस तरह की बात करते हैं?

हमारे मानने से क्या होगा, वे खुद कह रहे हैं।

तब तो ऐसे लोगों को माक्सवादी नहीं मानना चाहिए जो खुद को माक्सवादी कह रहे हैं।

वो लोग डंके की चोट पर कहते घूम रहे हैं, पूरे साहित्य में रेखांकित हो रहा है। मंचों पर, टीवी पर यही सब कह रहे हैं।

मैं कहूँगा कि माक्सवाद दुनिया का सबसे वैज्ञानिक दर्शन है।

हाँ, मैं आपकी बात से सहमत हूँ।

आप बता रहे थे कि ज्योतिबा फुले ने शिक्षा के क्षेत्र में महत्त्वपूर्ण कार्य किया। इसकी क्या वजहें रही होंगी कि दलित शिक्षा से वंचित रहे।

इसकी वजह यह है कि भारतीय समाज व्यवस्था जिसको हम वर्ण व्यवस्था कहते हैं उसने दलितों के खिलाफ़ काम किया। दलितों को सबसे पहले दो चीज़ों से वंचित किया गया, एक तो शिक्षा से और दूसरा आर्थिक रूप से कमज़ोर किया। इसके प्रमाण हमें उन तमाम ग्रंथों में दिखाई देते हैं जिनको भारतीय विद्वान हमेशा सर आँखों पर बैठा के रखते हैं। चाणक्य दलितों के पक्ष

में गलत निर्णय देते हैं। मैं बहुत सारे लोगों का नाम नहीं लेना चाहता हूँ, यह अनावश्यक लगता है क्योंकि मुझे लगता है कि वे आज हमारे कारण ही फिर से ज़िन्दा हो रहे हैं। बेहतर है कि वे दबे ही रहें, मरे ही रहें। चाणक्य का नाम मैं इसलिए ले रहा हूँ कि पिछले उत्तर में मैंने कहा है आपसे, उसी सवाल का उत्तर देना चाहता हूँ। चाणक्य दलितों के ख़िलाफ़ था जबकि चाणक्य बहुत बड़ा विद्वान कहा जाता है। चाणक्य नन्दवंश के ख़िलाफ़ लड़ा था। हम उन स्थितियों को रेखांकित करने की कोशिश कभी नहीं करते, ये ठीक वैसे ही है जैसे देवताओं और असुरों का युद्ध। वैसे ही चाणक्य और नन्द का युद्ध है। नन्द सीधे-सीधे कहता है कि ब्राह्मण तेरी चोटी काटूँगा! क्यों? क्यों इस बात को रेखांकित नहीं करते, साहित्य ने उसे रेखांकित नहीं किया, नन्द ऐसा क्यों कह रहा था। यानी कि हम उन चीज़ों को छुपा देते हैं कि चाणक्य वहाँ पर क्या कह रहा था। वह वहाँ पर किस व्यवस्था को जन्म देने की कोशिश कर रहा था। नन्द शूद्र वंश का था, इसलिए वह ब्राह्मणवादी व्यवस्था को नहीं मानता था। इस चीज़ को न इतिहास बताने की कोशिश करता है और न साहित्य। आप यह देखिए, वही चीज़ फिर से हुई। इतिहास दोहराया जाता है। चाणक्य भी किसका इस्तेमाल करता है, एक शूद्रवंशीय व्यक्ति, चन्द्रगुप्त का। जैसे हमारे तथाकथित राजनीतिज्ञों ने उत्तर प्रदेश में एक धार्मिक स्थान तोड़ने में एक शूद्र वर्ग के ही व्यक्ति का इस्तेमाल किया था। मध्य प्रदेश की स्थितियाँ सब आपके सामने हैं, वहाँ भी शूद्र वंश का ही इस्तेमाल किया गया। गुजरात में भी वही हो रहा है, इस तरह के वर्ग से आये लोगों का इस्तेमाल करके माहौल को तहस-नहस करते हैं। चाणक्य ने चन्द्रगुप्त का इस्तेमाल करके वही काम किया। आप जानते हैं...चन्द्रगुप्त सिकंदर की तरफ़ से पुरू के साथ लड़ा था, यह क्यों नहीं इतिहास बताता हमें? उसे योद्धा बनाया तो सिकंदर के ट्रेनिंग सेन्टर ने बनाया था। सिकंदर की ट्रेनिंग से योद्धा बना वो, और इसका इस्तेमाल चाणक्य करता है। ये चीज़ें हमसे क्यों छुपा ली जाती हैं, पुरू और सिकंदर के बीच में युद्ध हुआ था? युद्ध हुआ ही नहीं था। हम कहते हैं कि एक राजा की तरह व्यवहार करो। युद्ध हुआ ही नहीं, जानते हैं क्या हुआ वहाँ, सिकंदर ने पहली बार देखा कि राजा है वह हाथी पर चढ़ के लड़ रहा है। उसने कहा कि हाथी पर चढ़ के युद्ध कैसे हो सकता है। उन दिनों पूरे यूरोप में, अरब से लेकर दूसरे देशों में घोड़ों पर बैठकर ही युद्ध होते थे और ये राजा तो हाथी पर बैठकर युद्ध कर रहे

हैं। सबसे आगे हाथियों की लाइन थी, उसके पीछे घोड़े, फिर पैदल सैनिक थे। उसने अपने सैनिकों से पूछा कि यह क्या मामला है और ये कैसे युद्ध करेंगे? ये तो हाथियों पर बैठे हैं, हम घोड़ों पर हैं फिर वे हमसे कैसे युद्ध करेंगे? उन्होंने कहा कि यहाँ पर यही रिवाज है। उसने दो मिनिट के लिए सोचा और फिर कहा कि हम युद्ध जीत गये। साथियों ने पूछा कि कैसे? उसने कहा कि मुझे पंद्रह-बीस ऐसे सैनिक चाहिए जो बहुत हिम्मतवाले हों और घुड़सवारी में बहुत तेज़ हों। उसने सैनिकों को बुलाया और उनको निर्देश दिया, बेहतरीन किस्म की तलवारें उनके हाथों में दीं और कहा कि कुछ नहीं करो, सिर्फ़ दौड़ते हुए जाओ और आगे खड़े हाथियों की सूँड़ काट दो। पुरू के हाथी की जो सूँड़ कटी थी, उसी से वह हाथी पागल हुआ था। युद्ध हुआ ही नहीं, उसने एक ही झटके में युद्ध जीत लिया था। ये तमाम चीज़ें हमें यह बताती हैं कि हम इतिहास को भी गलत तरीके से प्रस्तुत करते हैं। आज हमें इतिहास की सही जानकारी नहीं है। इतिहासकारों ने कभी इस घटना का कहीं पर उल्लेख नहीं किया। हमें ये सारी जानकारी विदेशी इतिहासकारों से पता चलती है। इसलिए ये तमाम चीज़ें जो भी कुछ हो रहा है, झूठ के आधार पर चल रहा है। दलित साहित्य के आ जाने से सारे झूठों का पर्दाफाश हो रहा है और ये चीज़ें निकल के सामने आने लगी हैं।

आपने बताया कि दलितों को गरीब करने में जाति का महत्त्वपूर्ण योगदान है। इसको दूसरी तरह से कहें तो यह अमीर-गरीब का भेद नहीं है क्या! जहाँ पर अमीर ने गरीब को गरीब बनाये रखने के लिए जाति को एक हथियार की तरह इस्तेमाल किया।

पिछली बार भी आपको बताया था कि एक गरीब ब्राह्मण द्रोणाचार्य को साहित्य भी जगह देता है, शास्त्र भी। गरीब दलित को तो वहाँ पर हाईलाइट नहीं किया गया, बल्कि आप देखेंगे कि आदिवासी योद्धा का तो अँगूठा तक कटवा लिया जाता है। एक गरीब ही काटता है अँगूठा जिसे गरीब कहा जा रहा है। तो हम कैसे मान लें! यह जाति आधारित गरीबी नहीं है।

इसी बात को मैं दूसरी तरह से कहूँ तो एक गरीब व्यक्ति दिनभर मज़दूरी करता है फिर भी अभाव का जीवन जीता है। दूसरी तरफ़ एक उद्योगपति का बेटा दिनभर कुछ नहीं करता है फिर भी अय्याशी का जीवन जीता है। यह किस तरह की बात है?

उद्योगपति के बेटे को पैतृक सम्पत्ति मिली हुई है। दलित को जाति का अपमान पैतृक विरासत के रूप में मिलता है। उद्योगपति के बेटे के सुख और पैतृक सम्पत्ति से इन दोनों की कोई तुलना नहीं हो सकती है। एक के पास पैसा है। उसे देकर बेटे को कहता है कि ऐश कर, दूसरी तरफ़ दलित कहता है कि मेरे पर इतना कर्ज़ है उतारना, नहीं तो नरक मिलेगा। और वह कर्ज़ उतारने में लगा रहता है। अपना जीवन वह नहीं जी पाता। यह हरेक दलित के साथ हुआ है जो पढ़-लिखकर शहर में आता है और अपने पुरखों का, अपने माँ-बाप का कर्ज़ उतारने में लग जाता है। ताकि वह गाँव भी जा सके, ऐसे ही गाँव जाने से बेइज्ज़ती होती है। आप समझते हैं, इन चीज़ों को अच्छी तरह से, आप जिस क्षेत्र से आये हैं, वहाँ पर भी यही स्थितियाँ हैं। दूसरी एक चीज़ जो बार-बार देखने को मिलती है आदिवासियों के बारे में, उनकी राय क्या है? आदिवासी को वे जंगली कहते हैं। क्या यह एक सभ्य समाज का सही आकलन है? जबकि मैं समझता हूँ कि जो लोग आदिवासी समाज को नज़दीक से जानते हैं, समझते हैं कि आदिवासी जीवन की सांस्कृतिक पृष्ठभूमि और उनका जीवन ज़्यादा मानवीय है, ज़्यादा संवेदनशील है बनिस्बत इनके। हम उनको देखने के बजाय उस चीज़ को देखते हैं कि वे हमारे जैसा जीवन क्यों नहीं जीते। क्या आपने किसी आदिवासी को देखा है कि वह जंगल को काटकर साफ़ कर बरबाद कर रहा है? नहीं करता। नदियों के पानी को अपवित्र नहीं होने देता। और बाकी लोग दिन-रात इसी में जुटे हुए हैं। जंगल में उत्खनन कर रहे हैं, पैसा कमाने के लिए। चोरी-चोरी जंगल काट के ला रहे हैं, दोनों में कौन श्रेष्ठ हैं, ये या वे? एक जो लूटता है या वह जो उसे बचाने की कोशिश करता है? आदिवासियों का जीवन जिस प्रकार की चीज़ों पर आधारित है, वहाँ वे किसी चीज़ को खाने के लिए उतना ही इस्तेमाल करते हैं जितने की उनको ज़रूरत है। वे चीज़ों को जमा नहीं करते हैं, इसीलिए वे गरीब हैं। दूसरी तरफ़ अतिरिक्त जमा हो रहा है इन तमाम चीज़ों को देखते हुए कह सकते हैं कि एक जो सभ्य समाज का इन्सान है, उसे ये लोग जंगली कह रहे हैं।

आपने अभी आदिवासी समाज की बात की, इसी संदर्भ में प्रश्न है कि लेखन के क्षेत्र में आदिवासी समाज और दलित समाज में भेद हैं। या यूँ कहें कि दोनों अपने हक के लिए अगल-अलग लड़ रहे हैं?

मेरी पहली कहानी 'जंगल की रानी' एक आदिवासी लड़की पर थी। उसे *सारिका* जैसी पत्रिका ने दस साल तक नहीं छापा था, स्वीकृत करने के बाद भी। मैं तो नहीं मानता हमारा जीवन अलग-अलग है, उनका जीवन और हमारा जीवन कहीं एक जगह आकर ठहरता है। भेद कराने वाले तो घर-घर में भेद करा देते हैं। इसलिए जो भेद है वह ऊपरी है। कुछ राजनीतिक लोग हैं, भेद बढ़ाने का काम करते रहते हैं, यह उनका काम है। जो संवेदनशील है वह दलित और आदिवासी में कोई भेद नहीं करेगा।

आज दलित-आदिवासी अस्मिताएँ एक होकर लड़ने के बजाय अलग-अलग लड़ रही हैं?

नहीं, ऐसा बिलकुल नहीं है, आप बताइये मुझे, क्या लक्ष्मण गायकवाड़ महार हैं? माने महार हैं? दोनों एसटी हैं, दोनों दलित साहित्य लिख रहे हैं। और भी अनेक लोग हैं जिनके मैं नाम बता सकता हूँ। दादा साहब मोरे, वह जाति कौन-सी जो बैलगाड़ियों पर चलते हैं, उनकी पत्नी ने *डेढ़ घर का चूल्हा* लिखा है वो आदिवासी हैं, एसटी में आते हैं। मैं कैसे मान लूँ कि ये दलित लेखन नहीं है, वे दलित धारा से लेख लिख रहे हैं। डॉ. अम्बेडकर के विचार से लिख रहे हैं। अब यह बात अलग है कि हमारे यहाँ हिन्दी की परंपरा में इतने लोग सामने नहीं आ पाये हैं। आयेंगे समय आयेगा, आ रहे हैं। लोग आ रहे हैं अभी, दिल्ली में बहुत सारे लेखकों को तो आप जानते हैं, जो राजस्थान के आदिवासी हैं लेकिन वे दलित लेखन से जुड़े हुए हैं। विचार जानने में समय लग रहा है। कुछ लोग उनके बीच हैं, जो उन्हें उकसाने की कोशिश करते हैं, उन्हें अलग-अलग करने की, लेकिन चीज़ें टूट के वापस आती हैं।

क्या जिस तरह के दुख-पीड़ाएँ दलित समाज के पास हैं, वैसी ही आदिवासी समाज के पास हैं? क्या दोनों समाजों की पीड़ाएँ एक जैसी हैं? क्या आदिवासी समाज के दायरे से बाहर हैं?

नहीं, उनको अलग दिखाया गया है, साहित्य ने, विद्वानों ने, लेकिन स्थितियाँ एक जैसी हैं। पहले उनमें जातिभेद नहीं था, बाद में आ गया है। यह हिन्दू समाज की देन है कि उनको भी जाति में बाँट दिया। वहाँ पर जातिभेद को पहुँचाया किसके माध्यम से, कुछ लोगों को प्रशिक्षित किया और उनके द्वारा उनमें भेद करवाया। इसलिए मैं नहीं मानता कि आदिवासी अलग हैं। आदिवासी

और दलित समाज एक ही है। हमें एक मंच पर इकट्ठा होना होगा, एक ही तरह से सोचना होगा, जब तक इस चीज़ को समझ नहीं लेंगे तब तक टुकड़ों में बँटे रहेंगे। एक ताकत नहीं बन सकेंगे। चाहे वह राजनीतिक ताकत हो या साहित्यिक ताकत हो, चाहे सामाजिक ताकत हो।

आपका आशय यह है कि हमें एक साथ मिलकर लड़ना पड़ेगा?

हाँ, बिलकुल लड़ना होगा, अगर इस सामंतवादी व्यवस्था से लड़ना है तो। इन सारी संस्थाओं को साथ आना होगा। लोगों को एकजुट होना पड़ेगा।

जब ये लोग (आदिवासी और दलित) एक साथ आकर अपने हक के लिए लड़ेंगे तो क्या एक वर्ग बनायेंगे?

वर्ग नहीं बनेगा, एक समाज बनेगा, जो नहीं है। भारत के समाज में नहीं है वर्ग, यहाँ सिर्फ़ वर्ण हैं, जातियाँ हैं। यहाँ पर वर्ग भी कैसे हैं? जातियों पर आधारित वर्ग हैं। ब्राह्मण, क्षत्रिय आदि वर्ग समाज का नाम हैं। दूसरी तरफ़ आदिवासी समाज, मीणा समाज, बैरवा समाज ऐसे ढेरों समाज बन गये। दलितों में भी ऐसे वर्ग हैं, चमार समाज, रविदास समाज, वाल्मीकि समाज, महार समाज आदि। ये जो समाज बने हैं, ये भी जाति आधारित हैं। इन सभी समाजों को तोड़कर नये समाज की परिकल्पना दलित साहित्य करता है। एक बेहतर समाज की कल्पना, जहाँ सभी एक हों। बल्कि मेरा तो यह भी मानना है कि ग़ैरदलितों में चीज़ों को समझने वाले संवेदनशील व्यक्ति दलितों के साथ जुड़ते हैं तो हमें उन्हें स्वीकार करना चाहिए। मेरे साहित्य में उनकी स्वीकार्यता है।

आप एक जाने-माने दलित लेखक हैं, मैं आपसे जानना चाहूँगा कि दलित लेखक बनने के बाद दलित समाज का आपके प्रति कैसा व्यवहार रहा?

देखिए, दलित समाज के दलित लेखकों ने बहुत मदद की है, इसमें कोई दोराय नहीं है। मैं उनको इसलिए रेखांकित नहीं कर रहा हूँ कि वो तो मेरे साथ हैं ही, जो नहीं थे उनको साथ रेखांकित करना ज़रूरी होता है। जो लोग यह गलतफ़हमी पाले बैठे हैं कि ये लोग अलग-थलग पड़े हैं, मैं उनको यह बताना चाहता हूँ, हम कहीं अलग-थलग नहीं हैं। हमारी तरह सोचने वाले ग़ैरदलितों में भी हैं। उन्हें हमें दूर नहीं करना चाहिए, वे हमारे अपने हैं जो हमारी ही तरह सोचते हैं या हम उनके तरीके से सोचते हैं। इस तरह से हमें एकजुट होकर आगे आना चाहिए। मैं इस बात से हैरान हुआ कि दिल्ली विश्वविद्यालय के बच्चों

ने जिस तरह मेरी मदद की इस बीमारी के समय में। मुझे जो नाम याद है उनमें अंकित, अमित, नौशाद, मिहिर और एक अग्रवाल जिसका नाम मैं याद नहीं कर पा रहा हूँ। आप भी रहे हैं, आप तो खैर बाद में आये। उस वक्त अमित, अंकित, अग्रवाल और नौशाद थे। जब मैं बहुत ज्यादा बीमार था और बिस्तर पर था, कई बार ऐसी स्थिति आ जाती थी कि नींद में कपड़े गंदे हो जाते थे। उन बच्चों ने मेरे कपड़े तक बदलवाये हैं। मेरी जाति के नहीं थे, मेरे धर्म के नहीं थे लेकिन उन लोगों ने मानवता के नाते मेरी मदद की और मुझे बाथरूम में ले जाकर वहाँ पकड़कर बैठे रहे, बाहर नहीं निकले। उसमें मिहिर पंड्या भी हैं। मैं बोलता, ''बेटा बाहर चले जाओ,'' तो कहते, ''नहीं सर, कोई बात नहीं, आप फ़ारिग होइये।'' मतलब, मैं कैसे कहूँ कि इनमें मानवता नहीं है? एक लेखक होने की वजह से, मानवता के नाते। वे मेरे साथ थे, मेरे दुख के सहभागी बन मुझे हौसला दिया। डॉ. पल्लव, नमिता गोखले, रेखा अवस्थी, मुरली मनोहर प्रसाद सिंह, अशोक वाजपेयी, देवेन्द्र चौबे, रवीन्द्र कालिया का सहयोग मिला। बीमारी से उबरने में उनका विश्वास मेरे साथ है।

मैं आपकी बात से सहमत हूँ। निश्चित ही यह बहुत प्रेरित करने वाला अवलोकन है। आपने यहाँ ग़ैरदलित लोगों के व्यवहार के बारे में बताया है। मैं दलित समाज और लेखकों के बारे में जानना चाहता हूँ?

हाँ, उन बच्चों को जब यह पता चला कि एक लेखक के तौर पर मेरी ये स्थिति है, तो उन्होंने आकर मेरी मदद की। दलितों में भी कुछ लोग हैं, ऐसा नहीं है कि मैं इन लोगों का ज़िक्र कर रहा हूँ और दलितों का नहीं कर रहा हूँ। मुकेश जी, कैलाश जी, कौशल, गुलाब, सुशील दिन-रात मेरे साथ जुड़े रहे। तो कैसे मैं इन लोगों को छोड़ दूँ कि ये दलित हैं और वे ग़ैरदलित हैं। इस पैमाने पर नापना आज की तारीख में मुझे ठीक नहीं लग रहा है। हमें एक-दूसरे की मानवीय संवेदनाओं को समझना होगा। सबसे पहले मानवीय सरोकार हैं। अगर हमने मानवीय सरोकारों से सोचना शुरू कर दिया, समझना शुरू कर दिया तो उस दिन से हमारे अन्दर का भेद हमेशा के लिए खत्म हो जाएगा। इसमें डॉ. पल्लव का बहुत बड़ा हाथ है। उन्होंने बहुत मदद की है। मैं इस संदर्भ में एक और नाम लेना चाहूँगा। मैं यह सोचता था कि वे हमेशा अभिजात्य लेखन करते रहे हैं, कलावादी किस्म का लेखन करते हैं, लेकिन जब मैं अस्पताल में

भर्ती हुआ था, जिस दिन ऑपरेशन हुआ उस दिन नमिता गोखले और अशोक वाजपेयी—इन दोनों ने मेरी मदद की और मेरे लिए आर्थिक मदद अस्पताल को पहुँचायी। दोनों दूसरे-तीसरे दिन ही अस्पताल आ गये। मैं इन दोनों लोगों को कैसे भूल सकता हूँ! कैसे कहूँ कि इन लोगों में मानवीय संवेदना नहीं है या मानवीय सरोकार नहीं है! नमिता गोखले का तो लगातार फ़ोन आ रहा है, वे जगह-जगह मेरे लिए लोगों से फ़ाइट कर रही हैं। मदद के लिए आगे खड़ी हुई हैं। वे तो अंग्रेज़ी की लेखिका हैं लेकिन वे सामने खड़ी हुई हैं।

मैं आपकी बात समझ रहा हूँ। पहले हम लोग अस्मितावादी साहित्य के बारे में बात कर रहे थे। उसी संदर्भ में पूछना चाहूँगा कि हिन्दी साहित्य में अस्मितावादी साहित्य से इतर कौन-सी प्रवृत्तियाँ आप देखते हैं? और वर्तमान में उनका क्या महत्त्व है?

स्त्री विमर्श महत्त्वपूर्ण है, इसने हिन्दी साहित्य में महत्त्वपूर्ण परिवर्तन ला दिया है। आज लोगों के विचारों में बहुत परिवर्तन आया है। हिन्दी साहित्य को शुरू से उठाकर देखें तो यह स्त्री विरोधी रहा है। पूरा रीतिकाल स्त्री विरोधी है, आदिकाल, वीरगाथा काल, भक्तिकाल सारा स्त्री विरोधी है। स्त्री विमर्श से बदलाव आया है।

मैं आपसे हिन्दी साहित्य में अस्मितावादी साहित्य से इतर प्रवृत्तियों के बारे में पूछ रहा था।

हाँ, इतर प्रवृत्तियाँ हैं, जिसमें मार्क्सवादी लेखन प्रमुख है। इसमें कुछ लेखक हैं, जिन्होंने इस रास्ते को सँवारा है और मनुष्यता के पक्ष में खड़े हुए हैं। सारे नहीं कुछ लेखक, इसमें विशेष रूप से मैं नाम लेना चाहूँगा यशपाल और प्रेमचंद का। प्रेमचंद पूरे-पूरे मार्क्सवादी नहीं थे, लेकिन वे प्रगतिशील लेखन से जुड़े हुए थे। वे मानवीय सरोकारों के लेखक हैं और यशपाल का लेखन भी मानवीय सरोकारों से जुड़ा हुआ है। इससे बहुत बड़ा परिवर्तन हिन्दी साहित्य में आया।

इसी संदर्भ में पूछना चाहूँगा कि आपने यहाँ एक प्रवृत्ति की बात की है। इसके अलावा आप कौन-सी प्रवृत्तियाँ देखते हैं?

जो प्रवृत्तियाँ दिखाई दे रही हैं, उनसे निकली हुई प्रवृत्तियाँ हैं, दलित विमर्श के साथ-साथ स्त्री विमर्श, आदिवासी विमर्श। इन्होंने हिन्दी साहित्य को

आगे बढ़ाने में महत्त्वपूर्ण योगदान दिया है। जनवादी लेखन, मार्क्सवादी लेखन ये प्रवृत्तियाँ तो उभरी हैं हिन्दी साहित्य में। भले ही थोड़े समय के लिए रहा हो समान्तर आन्दोलन पर इसने थोड़ा-बहुत काम किया है। यह ज़्यादा लम्बा नहीं चल पाया। इससे पहले का समय देखिए, प्रयोगवाद, नई कहानी, छायावाद ये तमाम। इनको आप गहराई से विश्लेषित करेंगे तो नई चीज़ दिखाई देगी। लेकिन आप जब जनवादी आन्दोलन, प्रगतिशील लेखन, दलित लेखन और स्त्री विमर्श से जुड़ा लेखन इनकी प्रवृत्तियों को ध्यान में रखेंगे तो आपको अंतर दिखाई देगा। ये हिन्दी साहित्य को विकासशील बना रहे हैं। हिन्दी साहित्य इससे विकास की ओर जा रहा है। अभी लोग नाक-भौं सिकोड़ रहे हैं, स्त्री विमर्श, दलित विमर्श और आदिवासी विमर्श को लेकर लेकिन इन प्रवृत्तियों ने हिन्दी साहित्य का रूप बदला है। उसको व्यापकता मिली है ऐसा मैं मानता हूँ।

दलित साहित्य में जो लेखन हो रहा है, उसमें खासतौर पर आत्मकथाएँ ही लिखी जा रही हैं, इसके अलावा अन्य विधाओं में कम लेखन हो रहा है। ऐसा लगता है कि दलित साहित्य सिर्फ़ आत्मकथात्मक लेखन की थकान का शिकार हो गया है। मतलब सिर्फ़ आत्मकथा ही लिख सकता है। अन्य विधाओं के लिए जिस तरह का विस्तृत कैनवस होना चाहिए, वह दलित लेखकों के पास नहीं है। जैसा कि प्रबंध काव्य, नाटक, उपन्यास आदि।

मैंने आत्मकथा भी लिखी है, भविष्य में हो सकता है और लिखूँ। मेरे सामने सबसे पहला सवाल खड़ा हुआ था हिन्दी प्रांतों (मैं यहाँ पर महाराष्ट्र की बात नहीं कर रहा हूँ।) का। जब हम किसी भी साहित्यकार से, बुद्धिजीवी से, विचारक से बात करते थे, तो वे यह कहते थे कि हमारे यहाँ पर ऐसा नहीं होता, हमारे घरों में ऐसा नहीं होता। हम तो किसी भी सफ़ाईकर्मी को चाची, बुआ, ताऊ बोलते हैं। यह उधर होता है, वह फ़लाँ जगह होता है, हमारे यहाँ पर नहीं। जब उधर वाले से पूछते, तो वह इधर वाले का नाम बताता है यानी कोई शिकायत करने का मौका नहीं देता। उस वक्त हमारे ऊपर एक दबाव था कि उन लोगों को जवाब दे सकें, यह उत्तर भारत क्या कि पूरे भारत में होता है। इसीलिए आत्मकथाओं की ज़रूरत पड़ी। उनके चेहरे दिखाने के लिए ही आप झूठ बोल रहे हो। मेरी एक प्रकाशक से बात हुई, वे मेरे साथ जबलपुर जा रहे थे। बहुत पहले की बात है, वे भी यही बात कह रहे थे। आप जानते हैं! मैंने एक कहानी

लिखी है 'रामेसरी अथकथा' यह उसी पब्लिशर पर आधारित है। क्योंकि वह यह कह रहा था कि जो सफ़ाईकर्मी है, वह हमारे घर आती है, हम उसे बुआ कहते हैं। बहनों की शादियाँ हुईं तो पिताजी ने उनको परोसे दिये, जैसे हमारी बुआओं को दिये, उनको भी वैसे ही देते हैं। मैंने कहा कि यह तो बहुत अच्छी बात है। मैंने पूछा कि उनकी लड़की की शादी हो गई? तो कहा, ''हाँ।'' मैंने पूछा कि आपके घर से कौन-कौन गया था वहाँ? ''कोई नहीं'' उन्होंने जवाब दिया। देखिए, 'रामेसरी अथकथा' कहानी में जो *हंस* में छपी थी। यानी सब कुछ एकतरफ़ा है। ये जो एकतरफ़ा मामला है, इसने हमें उकसाया आत्मकथाएँ लिखने के लिए। हमने जवाब दिया कि आत्मकथाएँ लिखना क्यों ज़रूरी है? और आत्मकथा से थका नहीं है दलित साहित्य। आज लोग दलित कविताओं के संग्रहों को नहीं देख रहे हैं। आप कल्पना कर सकते हैं कि मेरे चार कविता संग्रह आ चुके हैं। मेरे अंतिम कविता-संग्रह की समीक्षा *जनसत्ता* में छपी थी, पढ़ी होगी। गोरखपुर से दीपक त्यागी हैं, उन्होंने क्या अच्छा विश्लेषण किया और कहा कि मेरी कविताएँ बहुत अच्छी हैं। दो चुनी हुई कविताओं के संग्रह भी आ रहे हैं और एक अंग्रेज़ी में आ रहा है। कहानियों का भी लेखन हो रहा है, पर कोई उस पर बात नहीं कर रहा है। तीन कहानी संग्रह आ चुके हैं। एक अंग्रेज़ी में भी आ चुका है। और दो चयनित कहानियों के संग्रह आ रहे हैं। यानी इतना काम होने के बाद भी हम कहानियों पर बात नहीं कर रहे हैं, सिर्फ़ आत्मकथाओं पर ही बात कर रहे हैं, गलती किसकी है? आप नहीं देखना चाहते हैं इन चीज़ों को। इसलिए उन दूसरी विधाओं को भी देखो। नाटकों की भी स्थिति ऐसी ही है। हिन्दी में दलित लेखक नाटक लिख रहे हैं। अभी मेरा नाटक *दो चेहरे* आया है। शायद आपकी नज़र पड़ी हो। एक और नाटक आने वाला है। उसे वीर चक्र मिला था, यानी ये चीज़ें जो सामने आ रही हैं, इन चीज़ों को अनदेखा करने की प्रवृत्ति मौजूद है और सिर्फ़ आत्मकथाएँ ही दिखाई देती हैं।

अभी साहित्य में नाटक बहुत कम लिखे जा रहे हैं। कहानियों या उपन्यासों के नाट्य रूपांतरणों का मंचन हो रहा है।

ये तो आप हिन्दी साहित्य की बात कर रहे हैं, दलित साहित्य की नहीं। दलित नाटकों में भी ऐसे नाटक खेले गए हैं, जो कहानी, कथा पर आधारित थे, लेकिन कहानियों पर नाटक होना कोई बुरी बात नहीं है। गलत परंपरा नहीं है,

मैं थियेटर का व्यक्ति रहा हूँ। अगर हमें कोई बढ़िया कहानी मिलती है, तो हम उसका नाट्य रूपांतरण कर सकते हैं, लेकिन मौलिक नाटक हिन्दी साहित्य में भी और दलित साहित्य में भी लिखे जा रहे हैं। *दो चेहरे* एक मौलिक नाटक है, हाँ इसके बाद मैंने कहानी लिखी, जो समाचार पत्र *पंजाब केसरी* में छपी थी। नाटक मैंने 1987 में लिखा, इस समय इसका पहला शो हुआ था, देहरादून में, उसके बाद 1988 में हुआ, *नैमिशराय* ने भी *हैलो कॉमरेड* नाटक लिखा, यह मौलिक नाटक है।

क्या दलित नाटक हिन्दी साहित्य में नाटकों की कमी को पूरा कर रहा है?

नहीं, यहाँ कमी को पूरा करने का सवाल नहीं है। जब हमें अपने किसी विचार को लोगों तक पहुँचाना है तो विधा का चुनाव देखा-देखी नहीं होता है, बल्कि हमको यह लगता है कि यह विषय लोगों के लिए किस तरह से प्रासंगिक होगा, तब उसको उठाया जाता है। दूसरा यह कि नाट्य विधा, एक ऐसी विधा है जो सीधे-सीधे दर्शकों से टकराती है। एक नाटक में अपनी बात लिखेंगे तो दर्शक और नाटककार चूँकि आमने-सामने खड़े हैं तो उनकी प्रतिक्रिया उसी वक्त मिल जाती है। एक जगह तो यह स्थिति आई थी कि मेरे उस नाटक का जिस कारखाने में मैं काम करता था, देहरादून में, वहाँ के मज़दूर संगठनों ने कॉलोनी के अन्दर शो नहीं होने दिया, क्योंकि वे जानते थे कि कॉलोनी के अन्दर शो होने से क्या स्थिति आएगी। शहर में इसके शो हुए थे, मज़दूरों की कॉलोनी में नहीं। इसका मतलब वे संगठन भी नाटक के असर से भयभीत थे, इसका असर होगा। यह नाटक मज़दूरों पर आधारित था, वहाँ पर दो तरह के मज़दूर थे, दलित और ग़ैरदलित। इस विषय पर मेरी कहानी 'प्रमोशन' भी है, वहाँ भी ये स्थितियाँ हैं। चीज़ों को किस तरह से लोगों तक पहुँचाया जाये। दिल्ली में मेरी कहानी 'अम्मा' पर भी नाटक का मंचन हुआ है। *जूठन* का भी नाट्य रूपांतरण हुआ, जिसके पंजाब में बहुत सारे शो हुए थे। लुधियाना, जालंधर, चंडीगढ़ आदि जगहों पर, दिल्ली में भी हुआ और जबलपुर में भी हुआ। इस तरह से चीज़ों का एक रूप हमारे सामने होता है कि हम किस तरह से या किस विधा से उसे लोगों तक पहुँचा सकते हैं, उसी विधा का इस्तेमाल करते हैं। लेखक हो या कलाकार दोनों अपनी पसंद की विधा का इस्तेमाल करते हैं।

क्या दलित लेखकों से यह आशा नहीं की जानी चाहिए कि कोई प्रबंध काव्य जैसी चीज़ लिखें? मुझे लगता है कि प्रबंध काव्य लिखने के लिए, उसका फ़लक विस्तृत होना चाहिए या उसका कैनवस बड़ा होना चाहिए या व्यापक अनुभव होने चाहिए। क्या ऐसा नहीं होने की वजह से दलित लेखक इस तरह की रचनाएँ नहीं कर पाते हैं और इसीलिए सिर्फ़ आत्मकथा, कहानी या कविताओं पर ही केन्द्रित रहते हैं?

आपका सवाल पूर्वाग्रहों से ग्रसित है। आप मुझे बताइये कि हिन्दी में आज तक कितने महाकाव्य आए, जिनका फ़लक व्यापक है, संस्कृत की बात मत कीजिए। तुलसीदास कृत *रामचरितमानस* की बात मत कीजिए। वह एक ज़माने में खत्म हो गए। उस ज़माने में आप देखिये तुलसीदास महाकाव्य लिख रहे हैं, कबीर और रैदास क्यों नहीं लिख रहे हैं, क्योंकि नज़रिये का फ़र्क है। वे जिस तरह के केरेक्टर को समाज में स्थापित कर रहे हैं, दलित उस तरह से नहीं सोचते हैं। महाकाव्य की जो परिभाषा है, दलित उससे सहमत नहीं हैं। परन्तु ये बिल्कुल लिखे नहीं जा रहे हैं, ऐसा नहीं है। जयप्रकाश कर्दम ने अभी राहुल जी के जीवन पर लिखा। नेता राहुल पर नहीं, बुद्ध के पुत्र राहुल पर, खण्ड काव्य है। ऐसा नहीं है कि काम नहीं हो रहा है। और भी होंगे, धीरे-धीरे चीज़ें सामने आ रही हैं। जब एक लेखक या कवि सोचता है कि मुझे इस विधा में काम करना चाहिए तो वह ऐसा काम करता है। अभी तक मैंने उपन्यास नहीं लिखा, पर यह ज़रूरी नहीं है कि मैं भविष्य में कभी उपन्यास नहीं लिखूँगा। जिस तरीके से काम करने से मुझे सहजता होती है, उसी में काम करता हूँ। मैं जब महाकाव्य लिखूँगा, तो लोग आचार्य रामचन्द्र शुक्ल की परिभाषा उसमें उपयोग में लाएँगे और उसे नकार देंगे। मैं शुक्ल जी की परिभाषा के अनुसार काम करूँ? मैं क्यों कहूँ कि नायक राजपरिवार में ही पैदा होना चाहिए, उदात्त कुलवंश में नहीं, ऐसा नहीं है। नैमिशराय जी की किताब भी डॉ. अम्बेडकर पर आई है, मैं उसे देख नहीं सका हूँ, उपन्यासात्मक किताब है। अच्छी या बुरी का सवाल नहीं है, काम तो शुरू हुआ है। मराठी में बुद्ध पर बहुत सारी किताबें उपन्यासात्मक हैं।

आपका आशय यह है कि दलित लेखन उन सभी विधाओं में हो रहा है, जो उनसे छूटी हुई थीं?

हाँ, कर रहे हैं, इसमें समय लगेगा। हमें आचार्य रामचन्द्र शुक्ल की महाकाव्य की परिभाषा क्या है, उसे भी समझना होगा। तुलसीदास ने

रामचरितमानस कब लिखा था, कितनी किताबें लिखने के बाद। क्या शुरुआत में लिख दिया, नहीं लिखा। तब आप दलित लेखकों से कैसे उम्मीद कर रहे हैं कि वे पहले महाकाव्य लिख दें। आप अपने गिरेबान में तो झाँककर देखिये। प्रेमचंद ने कभी कोई महाकाव्य नहीं लिखा। उनका महाकाव्यात्मक उपन्यास तो है *गोदान*। लेकिन कविता में क्यों नहीं लिखा। क्योंकि उनकी यह विधा नहीं थी, उनको अपनी बात गद्य में ही कहनी थी और कही। दूसरे, कहानियों और उपन्यासों के माध्यम से उन्होंने अपनी बात कही। आप देखिये, हज़ार साल के इतिहास में कितनी आत्मकथाएँ आईं। गिनी-चुनी, उसे क्यों नहीं देख रहे हैं आप!

इसका आशय यह है कि दलित लेखकों से कुछ ज़्यादा ही अपेक्षाएँ हैं।

नहीं, उनसे अपेक्षाएँ नहीं हैं ज़्यादा, वे उन्हें काउंटर कर रहे हैं, उनकी उम्मीद नहीं है उनसे ज़्यादा। उनको कहाँ से कमज़ोर करने की कोशिश की जाये, यह किया जा रहा है। दलित लेखक इस बात से घबराता नहीं है। अभी भी लगातार आत्मकथाएँ आ रही हैं, तुलसी, राम, बेचैन और अन्य की। इसके अलावा उन आत्मकथाओं के दूसरे भाग भी आने वाले हैं और आ रहे हैं।

पिछले संदर्भ से मुझे एक बात याद आ रही है। आरक्षण और मराठवाड़ा ने हमारी ऊर्जा खत्म कर दी, तो क्या हम आरक्षण को बचाने की बजाय यह कह सकते हैं कि सबको शिक्षा और सबको काम मिले? इस पर आप क्या कहेंगे।

देखिये, यह बात करना बहुत ही सैद्धांतिक हो जाता है। यहाँ सिद्धांत काम नहीं करता। भारत में शिक्षा सबके लिए एक जैसी नहीं है। जिनके पास पैसा है, उनके लिए पब्लिक स्कूल खुले हुए हैं और इस तरह के तमाम स्कूल। जिनके पास पैसा नहीं है, वे सरकारी स्कूलों में पढ़ते हैं। उससे सिर्फ़ क्लर्क ही बन सकते हैं। आपको पता है कि इन्होंने अभी एक कानून बनाया था, जो पब्लिक स्कूल हैं, उनमें पच्चीस प्रतिशत दलित बच्चों को एडमिशन मिलेगा। आप ज़रा कल्पना करके देखिये, पहले तो एडमिशन मिलेगा नहीं और अगर मिल भी जाए, तो उनकी नियति क्या होगी। उनको क्लास में क्या व्यवहार मिलेगा बैठने के बाद। वे अच्छे इन्सान बनने की बजाय, कुछ-के-कुछ बन के निकलेंगे। चूँकि उन्हें जब रोज़ अपमानित किया जाएगा तो वे क्या बनेंगे!

पहले से आप यह भूमिका तैयार कर रहे हैं कि ये बच्चे इस वर्ग से आए हैं इनके साथ ऐसा व्यवहार करो। आप कानून क्यों नहीं बनाते कि पूरे भारत में एक सिलेबस लगाइये। सीबीएससी भी चल रहा है, एनसीईआरटी का काम भी चल रहा है। क्यों नहीं सारी किताबें एक जैसी बनाते, चाहे सरकारी स्कूल हों या ग़ैरसरकारी। एक ही किताब लगाइये, क्यों नहीं करते ऐसा काम। सरकार के हाथ में है, कानून बनाना। जिसके पास पैसा है, जाए वह विदेश में पढ़ने को। इन तमाम चीज़ों को देखिये, पहले एक ज़माना था जब आश्रम में स्कूल खुले हुए थे तो दलित नहीं जा पाते थे, आज भी पब्लिक स्कूल में दलित नहीं जा पाते हैं। एक बच्चे के लिए मुझे लड़ना पड़ा देहरादून में। उसके पिताजी ने कहा कि मेरा बच्चा बहुत होशियार है। किसी पब्लिक स्कूल में एडमिशन मिल जाए तो, उसका भविष्य सुधर जाएगा। मैंने उसको फ़ॉर्म भरवाया, मुझे पता था कि उसने लिख दिया होगा कि हिन्दू और आरक्षित, तो उसका एडमिशन नहीं होगा। आप जब उसे आरक्षण नहीं दे रहे हैं, तो उसमें जाति का कॉलम क्यों बना रखा है। बच्चे की जाति क्यों पूछ रहे हैं, धर्म क्यों पूछ रहे हैं। यानी पूर्वाग्रह उनके मन में बैठा हुआ है, उनको रोकने के लिए। जब उसने फ़ॉर्म भरा तो मैंने उसे समझाया कि हिन्दू मत लिखना, बौद्ध लिखना क्योंकि हिन्दू लिखते ही फ़ॉर्म रिजेक्ट हो जाएगा, लेकिन बौद्ध लिखने से भी रिजेक्ट हो गया। उसने जाति के कॉलम को खाली छोड़ दिया तो उसका फ़ॉर्म रिजेक्ट हो गया। वह मेरे पास आया कि मेरा फ़ॉर्म तो रिजेक्ट हो गया। मैंने उस स्कूल के प्रिंसिपल से अपॉइंटमेंट लिया। मैंने कहा, ''मुझे आपसे बात करनी है।'' मैंने उनसे पूछा कि इस तरह के एक बच्चे ने फ़ॉर्म भरा था, क्या आप मुझे बताएँगे कि किस आधार पर उसका फ़ॉर्म रिजेक्ट किया गया था। उसने वह फ़ॉर्म मँगाया और कहा कि उसमें लिखा है, फ़ॉर्म इनकंप्लीट है। मैंने कहा कि उसमें क्या इनकंप्लीट है, तो उसने कहा कि रिलीजन और कास्ट। मैंने कहा—जाति आप क्यों पूछ रहे हैं, क्या आप आरक्षण दे रहे हैं। नहीं, तो फिर क्यों पूछ रहे हैं। और दूसरी बात कि आप एक पब्लिक स्कूल में पढ़ा रहे हैं। क्या आप एक ईसाई की आगे की जाति पूछते हैं, मुसलमान की जाति पूछते हैं, सिर्फ़ बौद्ध की ही कास्ट क्यों पूछते हैं। बौद्ध में भी कोई कास्ट होती है? कहने लगे कि बौद्ध तो हिन्दू हैं। मैंने कहा कि यह तो आपको गलतफ़हमी है कि बौद्ध हिन्दू

होता है। देखिये कि आप किस तरह के पूर्वाग्रह किए बैठे हुए हैं। मैं आपके खिलाफ़ कोर्ट केस करूँगा। बच्चे का दाखिला हुआ। आज इंजीनियरिंग कर रहा है और अच्छा स्टूडेंट है। आप जानते हैं, उसने जब वहाँ से पास आउट किया तब उसके नब्बे प्रतिशत अंक थे। आप सोचिये कि एक प्रतिभावान बच्चे को वह प्रिंसिपल स्कूल से बाहर कर रहा था।

आपने जिस घटना का ज़िक्र किया है उसे देखते हुए क्या यह ज़रूरी है कि हम लोग जाति और धर्म को मानें और लिखें? कुछ और नहीं कर सकते?

नहीं, कुछ और नहीं कर सकते। यदि वो इंस्टिट्यूट माने तब ना। जब वैसा ही फ़ॉर्म होगा तो कॉलमों में आप क्या भरेंगे? आपका फ़ॉर्म रिजेक्ट हो जाएगा।

मैं यह कह रहा हूँ कि जाति और धर्म को मानें ही नहीं तब?

हटाइये, जाति का कॉलम, धर्म का कॉलम।

जाति के बंधन को हम तोड़ना चाहते हैं और धर्म ने भी हमको जकड़ रखा है।

यह बात कौन कह रहा है? जो जाति से पीड़ित है। जो जाति से वर्चस्व में है वह क्यों कहेगा यह बात। संस्थान सभी उनके हाथों में हैं तो फ़ॉर्म भी उन्होंने उसी हिसाब से बनाया है, अपना वर्चस्व कायम करने के लिए।

मैं यह कह रहा था कि हमारा लक्ष्य यह है कि समाज में स्वतंत्रता, समानता और भाईचारा हो। हम यह बात कर रहे थे कि जाति के बंधन को तोड़ना होगा। हम चाहते हैं कि समाज में बराबरी हो और धर्म जिसने समाज के विभाजन को बढ़ाने में मदद की, क्या हमें इसकी ज़रूरत है?

देखिए, आप किसकी तरफ़ से पूछ रहे हैं, मेरा मतलब है कि जो इसके पक्ष में खड़े हैं, वे कहेंगे कि नहीं, यह होना चाहिए क्योंकि उन्हें इन चीज़ों की ज़रूरत है। इनसे वे वर्चस्वशाली हैं, इनसे उन्हें सुविधाएँ प्राप्त हैं, उसे क्यों छोड़ेंगे वे लोग। वे कह रहे हैं कि दुनिया में हम तो जगत गुरु हैं लेकिन वे काहे के जगत गुरु हैं! अपने पड़ोसी से तो प्यार नहीं करते, इन्सानी दर्जा नहीं दे सकते हैं। तब गुरु कैसे हो गये? हमारे पब्लिक स्कूल ज़रूर मॉडर्न दिखाई देते हैं लेकिन वहाँ पर जाति अपना कमाल दिखाती है, यह दिखता है वहाँ।

तब क्या जाति और धर्म की ज़रूरत है?

नहीं, बिलकुल नहीं चाहिए। खत्म हो जानी चाहिए जाति, अगर इस देश को आगे बढ़ाना है, एक अच्छे समाज का निर्माण करना है। मैं तो यह कहूँगा कि यह एक आपराधिक विचार है, देश और समाज को बाँटे रखने का। जिन्होंने देश और समाज को जाति में बाँटा है, उन्होंने देश के साथ बहुत बड़ा अन्याय किया है। ऐसे लोगों को जो देश और समाज का विकास करने में सबसे आगे थे, शिल्पकारी जानते हैं, जो खेती करते हैं, जो समाज को खाना उपलब्ध कराते हैं, कपड़ा उपलब्ध कराते हैं, समाज के लिए वे बहुत कुछ करते हैं, उन्हें आपने समाज से बाहर कर दिया। उनकी प्रतिभा को सही रूप से उपयोग में नहीं लिया और जो निकम्मे, निठल्ले हैं उन्हें आपने आगे बढ़ा दिया। ऐसी समाज व्यवस्था को समाप्त हो जाना चाहिए। तभी यह देश आगे बढ़ पाएगा।

इसका आशय यह है कि जाति और धर्म दोनों खत्म हो जायेंगे तब अच्छे समाज और देश का निर्माण हो पाएगा।

तब अमीर और गरीब ही रह जाएँगे, उससे फिर अलग तरह की स्थितियाँ उत्पन्न होंगी। यहाँ दलित ब्राह्मण नहीं बन सकता है, सोचिए ज़रा! लेकिन ये लोग ऐसा होने नहीं देंगे, इनकी मानसिकता में जब तक धर्मग्रंथ ज़िन्दा हैं। मैंने एक जगह पहले भी एक साक्षात्कार में कहा था कि धर्मग्रंथों को उठाकर फेंक दो। जितने भी धर्मग्रंथ हैं वे मानवीयता के खिलाफ़ हैं। धर्म को देश और समाज के बारे में अच्छा सोचना चाहिए था, पर आज तक किसी धर्मग्रंथ ने राजसत्ता के खिलाफ़ नहीं बोला। भारत में कोई भी धर्मग्रंथ राजसत्ता के खिलाफ़ नहीं लड़ा, बल्कि वह उसके पक्ष में खड़ा रहा। हाल ही में शंकराचार्य का एक वक्तव्य आया था, वह इस प्रकार था—'जनसंख्या वृद्धि पर जो अंकुश लगाया हुआ है, उसे तुरन्त रोक देना चाहिए, क्योंकि उससे देश को नुकसान हो रहा है। हिन्दुओं की जनसंख्या कम हो रही है, जब हिन्दुओं की संख्या कम होगी, देश धरातल में, रसातल में जाएगा। जब-जब हिन्दू बढ़े, देश ने तरक्की की है।' देखिए, क्या स्टेटमेंट है! आज की तारीख में और सारे अखबारों ने इसे छापा था। जब हमारा संचालन धर्म से ही हो रहा है तो ये कैसे छोड़ देंगे धर्मग्रंथों को!

जैसा आपने बताया है उसके अनुसार हम किसी भी व्यक्ति के साथ मानवीयता से व्यवहार करें ना कि जाति और धर्म देखकर।

हाँ, यह सही है।

मैंने एक बार कहीं पढ़ा था कि किसी भारतीय वैज्ञानिक ने रॉकेट लॉन्च करने से पहले, उसका एक डेमो बनाकर मंदिर में रखा था उसके बाद उसको प्रक्षेपित किया था।

आज भी भारतीय वैज्ञानिक धार्मिक आस्था से बँधे हुए हैं, कोई चीज़ बनाने पर भी उन्हें विश्वास नहीं होता है कि वह स्वयं की बनाई हुई है। विज्ञान ने बनाया है, धर्म ने नहीं। फिर भी वे धार्मिक आस्था से बँधे हुए हैं। यह उनके संस्कारों में बैठा हुआ है, तब वे कैसे धर्म को खत्म कर देंगे? आप किसी भी साइंटिस्ट से पूछ लीजिए, वह गंगा के पानी को पवित्र कहता रहेगा। (जबकि हम सभी जानते हैं कि यह पानी बहुत गंदा है।) उसको कहेंगे कि कानपुर में जाकर गंगा में नहाओ, तो नहीं नहायेगा, लेकिन लोगों को कहता रहेगा, गंगा का पानी पवित्र है। ये धार्मिक कारण है उसका और इसे गंदा करने में भी इन्हीं लोगों का हाथ है। यह धार्मिक कार्यक्रमों से हो रहा है, गंदे पानी के नाले उसी में डाले जा रहे हैं। आप देखिए, हर की पौड़ी, जहाँ रोज़ शाम को आरती होती है। क्या माहौल बनाया जाता है, इसे देखना चाहिए। वहाँ दो चीज़ें उकसाने वाली होती हैं। एक वहाँ प्लेटफ़ॉर्म पर दर्शक बैठे रहते हैं आस्थावान, कुछ लोग रसीद बुक हाथ में लिए खड़े रहते हैं। अगर आपने दस रुपये दिये तो वो रसीद को ऐसे फेंकेंगे कि आपके हाथ में नहीं आयेगी और दो सौ रुपये देंगे तो आपके हाथ में पकड़ा के जाएँगे। ऐसे लोग प्रत्येक लाइन के आगे खड़े रहते हैं और वहाँ पर घूमते रहते हैं। जब उनसे यह पूछेंगे कि ये प्लेटफ़ॉर्म साफ़ क्यों नहीं होते, लोगों को गंगा में गंदगी फैलाने से क्यों नहीं रोकते तो उनके पास कोई जवाब नहीं है, उन्हें तो सिर्फ़ पैसे इकट्टे करने से मतलब है। वह पैसा इकट्ठा होकर कहाँ जा रहा है किसी को पता नहीं। मेरी एक कविता भी है 'आस्था', इसी पर आधारित है। जहाँ गंगा आरती होती है उसी जगह पर प्रवाहित की जा रही हैं मुर्दों की हड्डियाँ, राख। सब कुछ वहीं, उसी हर की पौड़ी पर डाला जा रहा है, वहीं से प्रवाहित हो रही है गंगा में। आप सोचिए ज़रा, अंधश्रद्धा में डूब कर हम गलत चीज़ों को बढ़ावा दे रहे हैं। वहाँ पर ज़बरदस्ती लोगों को खड़ा करके वसूली कर रहे लोगों को देखकर डर लगता है। वो रसीद क्या है, उस पर कौन साइन कर रहा है पता नहीं, आप देखिए वहाँ जाकर। आप विश्वनाथ मंदिर में जाकर देखिए, आप वहाँ जाने से भी डरेंगे। आपकी आस्था भी भाग जाएगी अगर आपके साथ घर की कोई बेटी, बहू या लड़की है तो डरेगी, जिस तरह का व्यवहार वहाँ पर

लोगों को मिलता है। ऐसी पतली-पतली गलियों से निकलकर जाना पड़ेगा कि स्त्रियों का हाथ छूट जाए तो उन्हें आप ढूँढ भी नहीं पायेंगे।

पिछले सवाल में आपने कहा था, इन चीज़ों की हमको ज़रूरत नहीं है।

हाँ, दलितों को तो बिलकुल ज़रूरत नहीं है, उन्हें सब कुछ छोड़ देना चाहिए। दलितों को ही नहीं, यदि हम एक अच्छे समाज का निर्माण करना चाहते हैं तो सभी को अंधश्रद्धा, अंधविश्वास, सामाजिक बुराइयों, जाति, वर्ण धर्म, आदि को छोड़ देना चाहिए।

अच्छा, आपकी पसंदीदा किताबें, जिन्हें आप बार-बार पढ़ना चाहते हैं और दूसरे लोगों को पढ़ने की सलाह देंगे?

देखिए, इसमें आपको मैं जनरल बात बताऊँगा। इसमें दलित और ग़ैरदलित से हट कर भी किताबों के नाम बताऊँगा। जो किताबें मुझे पसंद आयीं उनमें गोर्की की *मदर* महत्त्वपूर्ण किताब है। मैं यह समझता हूँ कि हर एक व्यक्ति को यह किताब पढ़नी चाहिए। दूसरी, राहुल सांकृत्यायन की *वोल्गा से गंगा*। यह किताब हमारे दिमाग में बैठी हुई ऐतिहासिक तलछट को धो के रख देती है। मैं समझता हूँ कि *वोल्गा से गंगा* हरेक व्यक्ति को पढ़नी चाहिए ताकि हमें इतिहास की सही-सही जानकारी मिल सके। यहाँ पर इतिहास की जानकारी साहित्य के माध्यम से आती है। इसके बाद बहुत सारी ऐसी किताबें हैं जिन्हें मैं मानता हूँ कि पढ़ना चाहिए, *अक्करमाशी*, दया पवार की *बलुत*, इनको मैं बेहतरीन किताबें मानता हूँ। इसी तरह से कुछ विदेशी लेखकों की किताबें हैं जो मुझे बेहद पसंद हैं। जैसे द *ओल्ड मैन एण्ड द सी* अच्छी किताब है। अगर कोई लेखन के क्षेत्र में आना चाहता है तो यह उसके लिए अच्छी किताब है। यह किताब पढ़कर लगता है कि उस लेखक का अनुभव समुद्र और मछुआरों के बारे में कितना ज़बरदस्त है। वो किताब पाठक को हिला के रख देती है। इसी तरह से टॉलस्टॉय की किताबें हैं, उनमें एक पुनरुत्थान के नाम पर हिन्दी में आई है। *वार एण्ड पीस* भी बहुत शानदार किताब है। दोस्तोवऐस्की की *क्राइम एण्ड पनिश्मेन्ट, ईडियट,* बाल्जाक की भी किताबें हैं, उनको ज़रूर पढ़ना चाहिए। मौका मिलता है तो ज़रूर पढ़ना चाहिए। ऐसे बहुत सारे विदेशी लेखक हैं जिनके लेखन ने मुझे बहुत कुछ समझने का मौका दिया। रिचर्ड राइट उनमें से एक हैं, उनकी *ब्लैक बॉय* किताब हमें पढ़नी चाहिए। भारतीय साहित्य में

कुछ ऐसी किताबें हैं जिनको पढ़े बिना हम भारतीय साहित्य को ठीक से समझ नहीं पायेंगे। मेरे ख़याल से हिन्दी में यशपाल जी की *झूठा सच* हमारे सामने एक पूरी भारतीय त्रासदी को रख देती है। भीष्म साहनी की *तमस* है, ये महत्त्वपूर्ण किताबें हैं। ये किताबें हमारे सामने एक ऐसे इतिहास को उतार कर रख देती हैं जिसने हमारे इतिहास की धारा बदल दी है। देश के टुकड़े-टुकड़े कर दिये, वह पीड़ा इसमें दिखाई देती है। ये दोनों बहुत ही महत्त्वपूर्ण किताबें हैं। इसी तरह से प्रेमचंद की कुछ कहानियाँ जब एक कहानीकार के रूप में देखें तो मुझे बेहद पसंद हैं। उनकी वो कहानियाँ मुझे सबसे अच्छी लगती हैं जहाँ वे केरेक्टर के बिलकुल अंदर तक उतर जाते हैं। जैसे—'बूढ़ी काकी' और 'ईदगाह'। ये दोनों कहानियाँ पढ़ने में बहुत मामूली लगती हैं। जब हम सोचते हैं कि उस बच्चे की मासूमियत कैसे अपनी दादी के लिए उमड़ आती है तो ये कहानियाँ मुझे बहुत अपील करती हैं। इसी तरह से कुछ उपन्यास हैं, जो मुझे बेहद पसंद आये हैं। एक उपन्यास मराठी में है उसका नाम *मृत्युंजय* है। यह कर्ण पर लिखा गया उपन्यास है। यह अपने आप में बहुत ही अच्छा उपन्यास है। एक समय था जब हम कर्ण को बहुत बड़ा खलनायक मान कर चल रहे थे, क्योंकि वह खलनायकों के साथ है। लेकिन जब डॉ. अम्बेडकर का राजनीतिक पटल पर आविर्भाव हुआ, सामाजिक जीवन में भी, तब बहुत सारे पात्र जो खलनायकों के साथ खड़े होने से खलनायक बना दिये गये, नायक बन गये। उनमें से कर्ण भी एक है। बहुत ही बढ़िया उपन्यास है *मृत्युंजय*। यह तो नहीं कह सकते हैं कि उसमें एक दलित स्वर है लेकिन सम्पूर्णता में देखें तो एक पात्र सजीव कर देता है और हमारे सामने कर्ण एक नई तरह से आता है। हमें इस तरह की किताबों को पढ़ना चाहिए। जिस जीवन को हम नहीं जानते, हमें उस जीवन का साक्षात्कार ये पुस्तकें करा देती हैं और वो जीवन हमें अपना लगने लगता है।

इनके अतिरिक्त मैं आपसे दक्षिण भारतीय लेखकों के बारे में जानना चाहता हूँ जिनके लेखन को आप पसंद करते हैं।

हाँ, बहुत से लेखकों को पढ़ा है, जिनमें शंकर पिल्ले, अनंतमूर्ति शामिल हैं, गिरीश कर्नाड के नाटक मुझे पसंद हैं। इनका वह नाटक जिसमें नायक एक अंग्रेज़ स्त्री से शादी कर लेता है और उसका एक बच्चा है। उस नाटक का नाम

गोधूलि है, इस पर एक फ़िल्म भी बनी है। यह मुझे पसंद है, इसकी कहानी मुझे पसंद है। विजय तेन्दुलकर के नाटक बहुत ही अच्छे नाटक हैं। इसी तरह से बाँग्ला में ताराशंकर बंद्योपाध्याय को मैंने खूब पढ़ा है और बादल सरकार के नाटकों को भी। *बड़ी बुआ, जुलूस* उनके अच्छे नाटक हैं। उर्दू लेखकों में राजेन्द्रसिंह बेदी, कृश्न चन्दर, के. अब्बास मेरे पसंदीदा लेखकों में से हैं।

आपके पसंदीदा आदिवासी लेखक कौन हैं?

हिन्दी में आज जो आदिवासी लेखक हुए हैं, उनमें बहुत बड़ा नाम तो कोई उभर कर नहीं आया है। या हो सकता है कि व्यक्तिगत जानकारी में नहीं हो, लेकिन मैं चार-पाँच लोगों के नाम जानता हूँ जो अच्छा लिख रहे हैं। हरिराम मीणा जी अच्छा लिख रहे हैं। दिल्ली में भी हैं केदार मीणा, उनका छिट-पुट लेखन है।...और कोई नाम अभी याद नहीं आ रहा है।

इस धारा की कुछ पसंदीदा पुस्तकों के बारे में भी बताइये?

यह मेरी अनभिज्ञता हो सकती है, अभी तक मेरे पढ़ने में ऐसी कोई किताब नहीं आई है, आदिवासी लेखन की। वैसे मैं ढूँढ़ कर किताबें पढ़ता हूँ। संयोग की बात है कि इस तरह के लेखन की किताब मेरे पढ़ने में नहीं आई। मैंने हरिराम मीणा जी के कुछ लेख वगैरह, कुछ कविताएँ पढ़ी हैं, उपन्यास *धूणी तपे तीर* भी। बल्कि जयपुर फ़ेस्टिवल के मेले में हम लोग साथ में थे, उनकी कविताएँ भी सुनी थीं।

स्त्री लेखन के पसंदीदा लेखक?

देखिए, स्त्री लेखन या स्त्री विमर्श की बात करें तो मेरे सामने कुछ लेखिकाएँ ही आती हैं। इस लेखन की शुरुआत तो स्त्रियों से ही हुई है और स्त्रियों ने अपनी आवाज़ उठाई है। इसमें मुझे मैत्रेयी पुष्पा का लेखन अच्छा लगता है, उनकी कहानियाँ। ये कहानियाँ स्त्री विमर्श की ही कहानियाँ हैं। मैं समझता हूँ कि वे बहुत बेबाकी से लिखती हैं। उनसे बेहतर रचनाकार मुझे नज़र नहीं आयीं। वैसे मुझे सुधा अरोड़ा की कहानियाँ बहुत पसंद हैं। ये लेखिकाएँ जताती नहीं कि वे स्त्री विमर्श की लेखिकाएँ हैं, लेकिन वे स्त्रियों के लिए आवाज़ उठाती रही हैं। वे साफ़गोई के साथ आवाज़ उठाती हैं। उनकी कहानियों में यह बात उभर कर आती है। कविताओं में अनामिका की कविताएँ मुझे पसंद

हैं लेकिन कहीं-कहीं या कहें बहुत सारी चीज़ों से सहमत नहीं हो पाता हूँ, उनकी जो स्त्री विमर्श को लेकर मान्यताएँ हैं। फिर भी अनामिका की कविताओं में जो तेवर है वह मुझे पसंद आया। अगर हम बिना स्त्री विमर्श के बात करें तो चित्रा मुद्गल का *आवां* बहुत अच्छा उपन्यास है।

स्त्रियाँ अपने अधिकारों के प्रति सजग हुई हैं, समाज में भी इस बात का संदेश गया है। पर अभी भी हम देखते हैं कि उनको वह सम्मान नहीं मिला है जिसकी वे हकदार हैं।

इसीलिए स्त्री विमर्श शुरू हुआ, क्योंकि उनको दबाया गया है और पितृसत्तात्मक समाज ने उनको दबा के रखा है। पितृसत्तात्मक समाज के विरुद्ध स्त्री उठ खड़ी हुई है। इसलिए समाज में स्त्री का विरोध होगा और स्त्री के स्वाभिमान को चूर-चूर कर देने के लिए एक हथियार है स्त्री का यौन शोषण। और इस यौन शोषण में हमारा समाज हज़ारों सालों से सबसे आगे है। इतिहास में जगह-जगह हमें इसके प्रमाण मिलते हैं। दूसरी तरफ़ देवता भी स्त्रियों का बलात्कार करते थे, इस बात का ज़िक्र मिलता है। इन्द्र एक ऋषि की पत्नी के साथ बलात्कार करता है। यानी हम अपने समाज का विश्लेषण ही नहीं करते हैं, हमारा समाज पितृसत्तात्मक समाज है। स्त्री को दबाकर रखना है और स्त्री को दबा के रखने का सबसे आसान तरीका है, उसका यौन शोषण करो। उसकी आवाज़ बंद कर देना और ऊपर से यह कि ऐ...बोलना मत, लोग क्या कहेंगे? यह भय स्त्रियों में बिठा के रखा हुआ है, लेकिन जब स्त्री ने बोलना शुरू किया तो स्वाभाविक है कि उसकी प्रतिक्रिया तो होगी और यह उस प्रतिक्रिया के विरुद्ध प्रतिक्रिया है। जैसे कि जब दलितों ने आवाज़ उठानी शुरू की तो दलितों के घर जलाने शुरू कर दिये। उनकी लड़कियों, बहुओं, औरतों के साथ बलात्कार करना शुरू कर दिया। उनके ऊपर अत्याचार बढ़ा दिये, यह प्रतिक्रिया है। यानी आप चुप हो जाओ। जो लोग आज उनका विरोध करते हैं, वे सोचते भी नहीं कि हज़ारों सालों तक समाज ने उनके साथ कैसा बुरा बर्ताव किया था और इसके बदले में उन्होंने क्या माँगा। इसलिए समाज में स्त्रियों के साथ जो ज़्यादतियाँ हो रहीं हैं वे समाज में रची-बसी हैं और उनकी प्रतिक्रिया के परिणाम हमको देखने को मिल रहे हैं।

समाज में हमेशा स्त्रियों को नैतिकता का पाठ पढ़ाया जाता है कि कपड़े ऐसे पहनें, वैसे पहनें, घर से बाहर न निकलें, सारी नैतिकताएँ उन्हीं पर लादी हुई हैं जबकि हम देखते हैं कि पुरुष इससे मुक्त हैं। उन्हें कुछ भी करने की छूट है, हम पुरुषों को इन सारी नैतिकताओं का पाठ क्यों नहीं पढ़ाते?

देखिए, इसकी जड़ें बहुत गहरी हैं, यह इतनी आसान समस्या नहीं है जिसको हम दो-चार बार लोकसभा में उठवा दें, हल्ला करवा दें, कोई स्त्री इस पर आँसू बहा दे। यह समस्या इतनी गंभीर है जिससे समाज में, आप देखिए, स्त्री-पुरुष दोनों में काफ़ी अंतर होता जा रहा है चाहे हरियाणा हो या पंजाब हो। इनमें स्त्री-पुरुष की संख्या में काफ़ी असमानता आ गई है। हरियाणा में तो लड़कियाँ एकदम कम हो गई हैं, तो यह क्या है? सामाजिक मान्यता है कि उनको पुत्री नहीं, पुत्र चाहिए। और जब पुत्री नहीं चाहिए तब उनका लड़का तो उजड्डु होगा और साँड़ की तरह घूमेगा समाज में। उसको तो हक मिला हुआ है और सामाजिक मान्यता ने उसको हक दिया है कि वो कुछ भी कर सकता है। इस पर हम अंकुश नहीं लगा पा रहे हैं। समाज को इस पर अंकुश लगाना चाहिए। जब लड़का-लड़की में भेद करना बंद कर देंगे तो समस्याओं का समाधान निकलना शुरू हो जायेगा। लड़की को घर में सम्मान नहीं देते, स्त्री को घर में सम्मान नहीं देते। जो बेटे बाहर जाकर बलात्कार करते हैं, ज़रा उनके परिवार को जाकर देखो, उनका विश्लेषण करके देखो, उनका बाप भी उनकी माँ के साथ उसी तरह का व्यवहार कर रहा होगा। तब लड़का घर पर सीख कर बाहर जाकर इस तरह के रास्ते अपनाता है। इस तरह की घटना दक्षिण भारत और महाराष्ट्र में क्यों नहीं हो रही है? इतने बलात्कार जितने हरियाणा और दिल्ली में हो रहे हैं क्योंकि यहाँ पर स्त्री को ज़्यादा दबाकर रखा गया है। हरियाणा में बहुत अंतर आ गया है, लड़का-लड़की में। उनके लिए शादियाँ करना मुश्किल हो गया है। वे खरीद-खरीद कर ला रहे हैं लड़कियों को बाहर से, शादी करने के लिए। अपनी लड़कियाँ पैदा नहीं करेंगे और बाहर से खरीद कर लायेंगे। इससे समाज का संतुलन बिगड़ रहा है, इसी वजह से ये समस्याएँ बढ़ रही हैं।

आप यह कह रहे हैं कि समाज को स्त्रियों के प्रति संवेदनशील होना चाहिए, उनके साथ अच्छा बर्ताव करें, साथ में समाज में स्त्री-पुरुष का अंतर बढ़ रहा है, उसे कम करना चाहिए। उसे बराबर लाना चाहिए।

हाँ, यह करना चाहिए। आज की तारीख में, ठंडे दिमाग से वो लोग सोचना शुरू करें, तो लड़कियाँ कहीं ज्यादा काबिल हैं बनिस्बत लड़कों के। हरेक क्षेत्र में वो आगे आ रही हैं, इसे अब समझ लेना चाहिए। जब इसको हम समझ लेंगे तो हमारी सोच में और मानसिकता में अंतर आयेगा।

आप जिस सोच और मानसिकता को बदलने की बात कर रहे हैं, इसकी शुरुआत कहाँ से करें? क्या परिवार से करें?

हाँ, बिलकुल, परिवार से ही शुरुआत करनी चाहिए। हम अपने घरों से नहीं करते शुरुआत। हम दूसरों को ज्ञान देने की कोशिश करते हैं। अपने घरों में हम बड़े शरीफ़ और सज्जन बने रहते हैं, संस्कारवान बने रहते हैं। उन्हीं संस्कारवान परिवारों के बच्चे बलात्कार करते हैं, सड़क पर जाकर। पहले अपने खेत में काम करने वाले मज़दूरों के साथ बलात्कार करते हैं। बाहर निकलकर करते हैं, खेतों से बाहर, सड़कों पर, बाज़ार में, रेल में। उनको हक मिल जाता है ये सब करने का, क्योंकि समाज में उनका वर्चस्व है। इस वर्चस्व को जब तक समाप्त नहीं किया जाएगा तब तक स्थितियाँ ऐसी ही बनी रहेंगी।

हमें चीज़ों को समझने की ज़रूरत है। हमें समझना होगा कि स्त्री को हम इतना कमज़ोर क्यों मान कर चल रहे हैं, क्यों हम उसकी बेइज़्ज़ती करने को खड़े हो गये हैं। जबकि वो हमारी माँ, बहन, भाभी, पत्नी, बुआ है और वह जीवन दे रही है हमें, चाहे वह माँ के रूप में दे रही हो, चाहे वह बहन के रूप में दे रही हो या पत्नी के रूप में दे रही हो, चाहे वह किसी भी रूप में दे रही हो। एक परिवार को बाँध के रखने का सारा-का-सारा दारोमदार स्त्री पर होता है। और उसी को हम अनदेखा कर रहे हैं, उसे कमज़ोर मान कर उसकी इज़्ज़त को तार-तार कर रहे हैं। जानवर भी ऐसा नहीं करते हैं, लोग बोलते हैं कि जानवर बन गया है। वे गलत कहते हैं, जानवर कभी ज़बर्दस्ती नहीं करता है अपनी मादा के साथ। उसकी इच्छ के बगैर आगे नहीं बढ़ेगा। तब हमें यह समझना चाहिए कि वे जानवर नहीं आदमी हो गये हैं। आज की तारीख में जानवर इन जानवरों पर हँस रहे होंगे, 'देखो आदमी, देखो, कितने घिनौने काम कर रहे हैं।' आदमी होने पर शर्म आनी चाहिए। अपने को देवताओं के वंशज कहते हैं ये लोग। हरियाणा में तो हर रोज़ संख्या बढ़ती जा रही है, वे कमज़ोर लोगों को अपना शिकार बनाते हैं। ये किसी रईस या किसी बड़े व्यक्ति की

बेटी के साथ ऐसा सुलूक नहीं कर सकते हैं। ये कमज़ोर के साथ करते हैं, जो कमज़ोर है उस पर ये अपनी ताकत की आज़माइश करते हैं। पिछले रिकॉर्ड उठा के देखें, तो पिछले कुछ महीनों में हरियाणा में बलात्कारों की बाढ़ आ गई है। हमारी सरकार भी चुप बैठी हुई है। ज़्यादातर दलित लड़कियों के साथ इस तरह की घटनाएँ हुई हैं। ये दिल्ली का केस छोड़ दीजिए आप, हरियाणा में जितने भी बलात्कार हुए हैं, वे दलित लड़कियों के हुए हैं। छोटी उमर की लड़कियों के साथ हुए हैं। तब हमारी सरकार, लोकसभा, विधानसभा, कानून सब चुप होकर बैठ जाते हैं। जितना बवाल अभी हुआ है, उतना उनके बारे में क्यों नहीं हुआ? लेकिन, बस सब चुप हैं।

यहाँ पर स्त्रियाँ घर के अंदर और बाहर कहीं पर भी सुरक्षित नहीं हैं, उन्हें आज़ादी नहीं है।

घर के अंदर और बाहर, स्त्रियाँ दोनों जगह सुरक्षित नहीं हैं, आज़ाद नहीं हैं। घर पर भी तो उसके साथ वही हो रहा है। घर पर ही सीख रहे हैं बच्चे! मेरा यह पक्का दावा है कि जो बच्चे इस तरह के निकल रहे हैं, वे अपने घरों पर ही सीख रहे हैं। उसने देखा होगा कि घर पर उसका बाप माँ के साथ इस तरह का व्यवहार कर रहा होता है। तब वह बच्चा बाहर जाकर इस तरह की आज़माइश करता है। मेरी यह पक्की धारणा है कि पारिवारिक संस्कार उसको उस तरफ़ ले जा रहे हैं।

तब इस तरह की करतूत करने वाले दोषी व्यक्ति को कितना भी बड़ा दंड क्यों न दे दो तो भी समाज में यह संदेश नहीं जायेगा कि फ़लाँ काम करने से यह सज़ा मिलेगी। तो क्या इससे समाज बदल जायेगा? समाज नहीं बदलेगा या नहीं बदलता एक व्यक्ति को दंड देने से। थोड़े दिनों में सब भूल जायेंगे। कुछ दिनों बाद याद करना कि उस लड़की के लिए इतना हंगामा हुआ था। जेएनयू, दिल्ली विश्वविद्यालय, जामिया के छात्र सड़कों पर उतरे थे। (महिला अत्याचार विरोधी आंदोलन, दिसंबर, 2012) थोड़े ही दिनों में लोग भूल जायेंगे। किसी को याद भी नहीं रहेगा। यह हमारी क्षणिक प्रतिक्रिया है। उसके बाद हम कामों में लग जाते हैं और भूल जाते हैं। लेकिन समाज की मानसिकता में परिवर्तन आये इसके लिए हम बेसिक काम नहीं करते हैं।

तब हम समाज की मानसिकता को कैसे बदलें?

हमें समाज को प्रशिक्षित करने की ज़रूरत है। हमें तमाम उन चीज़ों का जो हमारे जीवन में इस तरह की स्थितियाँ पैदा कर रही हैं, उनमें भी सबसे पहले हमें अपने धर्म का विश्लेषण करना होगा, जो हमें यह सिखाता है कि बिना बेटे के आपको मोक्ष नहीं मिल सकता है। जब यह उसके दिमाग में आ जाएगा कि मैं सर्वश्रेष्ठ हूँ तो वह यह कुकर्म करेगा। अभी कई जगह पर ऐसी चीज़ें देखने को मिली हैं कि लड़का नहीं है घर में तो लड़की को अधिकार नहीं है कि वह चिता को आग लगा सके। ये कहाँ का नियम हो गया, इन्सानियत नाम की चीज़ नहीं है। घर में अगर बेटा नहीं है और बेटी है तो उसे आग देने का अधिकार क्यों नहीं है। उत्तराखंड में पूर्व मुख्यमंत्री निशंक के यहाँ पर ऐसा ही हुआ है। उनकी बीवी का देहान्त हो गया। वहाँ पर बेटी माँ को मुखाग्नि देने के लिए तैयार खड़ी थी, लेकिन उसे यह मौका नहीं मिला। यह मिला किसको, भतीजे को, यानी दोनों में फ़र्क कर रहे हैं। अगर मुख्यमंत्री जी ने स्टेप उठा लिया होता, तो समाज में बदलाव ज़रूर होता। एक बदलाव की स्थिति पैदा होती और एक आदर्श हमारे सामने आता। आदर्श तो इसी तरह से बनते हैं लेकिन नहीं, हम धर्म से डरते हैं। मैं तो यह कहता हूँ कि बलात्कार के पीछे धर्म का बहुत बड़ा हाथ है। जब तक हम धर्म का विश्लेषण नहीं करेंगे, जिसको हम सालों से गले में लटकाये घूम रहे हैं, तब तक बदलाव नहीं होगा। हम उन तमाम घटनाओं को भूल जाते हैं जो इतिहास में दर्ज हैं। इसलिए जब समाज में बदलाव लाना है तो धर्म का पुनर्विश्लेषण करने की ज़रूरत है।

समाज का पितृसत्तात्मक ढाँचा?

यह भी धर्म ने ही दिया है, इसलिए मैं बार-बार यह कह रहा हूँ कि हमको धर्म का विश्लेषण करने की ज़रूरत है। हमको नये सिरे से इसका पुनर्विश्लेषण करना होगा। इसमें जो गलत बातें हैं उनको छोड़िए आप, जब तक नहीं छोड़ेंगे तब तक होता रहेगा तमाशा। आप कानून कितने भी सख्त-से-सख्त बना लीजिए कुछ भी होने वाला नहीं है। बिलकुल नहीं होने वाला है कानून से। इन लोगों को समझ नहीं आने वाली। आप दस लोगों को फाँसी पर चढ़ा दीजिए, फिर भी ऐसा ही होता रहेगा। क्योंकि इनकी रगों में जो संस्कार भर दिये गये हैं, वे उनसे यह काम करवा रहे हैं। ऐसे लोगों में यह संस्कार ही नहीं होता है

कि स्त्री की इज़्ज़त की जाए। ये सीख नहीं सकते कि आदिवासियों में स्त्री का कितना सम्मान है। आपने बहुत ही कम सुना होगा कि किसी आदिवासी ने आदिवासी स्त्री का बलात्कार किया है। उन अनपढ़ लोगों से सीखना चाहिए जिनको आदिवासी नहीं, जंगली कहते हैं ये लोग। एक नया शब्द निकाल दिया है वनवासी, उनसे सीखना चाहिए कि वहाँ स्त्री का कितना सम्मान होता है।

आप यह कहना चाह रहे हैं कि समाज के कुछ हिस्सों में स्त्री-पुरुष की बराबरी दिखती है और आपने आदिवासी समाज का उदाहरण दिया। अब शिक्षा के बारे में बात करते हैं। आज लोगों का ध्यान सिर्फ़ रोज़गारोन्मुख शिक्षा की ओर है, मानविकी के विषयों को कोई नहीं पढ़ना चाहता। तो क्या हम शिक्षा के माध्यम से लोगों को संवेदनशील बनाने में असफल हो रहे हैं। क्या हमें शिक्षा प्रणाली पर सोचने की ज़रूरत है।

शिक्षा सिर्फ़ नौकरी प्राप्त करने के लिए ही दी जा रही है, सिर्फ़ आप पढ़ें और नौकरी करें। शिक्षा हमें एक अच्छा इन्सान नहीं बना रही है। जिससे हम समाज में प्रेम-भाव से रह सकें। शिक्षा तमाम दुर्गुण हमारे अन्दर डाल रही है जो समाज में पहले से मौजूद हैं। क्योंकि हमारा जो सिलेबस बन रहा है, आप विज्ञान विषयों की बात छोड़ दीजिए। जो अन्य विषय हमें पढ़ाये जा रहे हैं, उनमें घुट्टी में कुछ ऐसी चीज़ें पिला दी जाती हैं जो आगे जाकर अपना बुरा असर दिखाती हैं। उस बुरे असर को दूर करने के लिए ज़रूरी है कि हम अपनी शिक्षा-प्रणाली को रास्ते पर लायें। उसमें भी भेद है, आप देखिए कि एक तरफ़ पब्लिक स्कूल हैं, उनकी शिक्षा-प्रणाली अलग तरह की है और सरकारी स्कूलों की अलग तरह की है। आप ग्रामीण क्षेत्रों में जाकर देखिए, वहाँ पर शिक्षा का कोई मतलब नहीं है। अभी किसी स्कूल के निरीक्षण में पाया गया कि बच्चे स्कूल की सफ़ाई में लगे हुए हैं। बच्चे कक्षा में बैठने की जगह साफ़-सफ़ाई कर रहे हैं। तो कहाँ है शिक्षा की बात और वे शिक्षित हो के क्या बनेंगे? बस ज़्यादा-से-ज़्यादा क्लर्क बन जायेंगे या किसी जगह चपरासी बन जायेंगे। हमें शिक्षा-प्रणाली को भी ठीक से समझने की ज़रूरत है। इस पर भी ध्यान देने की ज़रूरत है कि वो हमें क्या बना रही है। शिक्षा के बारे में मेरी तो यह धारणा है कि शिक्षा हमें अच्छा भारतीय नागरिक नहीं बनाती वरन् एक कट्टर हिन्दू बनाती है।

हमेशा स्त्रियों को नैतिक शिक्षा देने की बात की जाती है, उन्हें यह भी कहा जाता है कि उनके साथ होने वाले खराब बर्ताव की वजह यह है कि वे अपना शरीर ढक कर नहीं चलती हैं या उनका पहनावा अच्छा नहीं है।

जो लोग इस तरह की बात कर रहे हैं, मैं उनसे एक ही निवेदन करना चाहता हूँ कि स्त्रियों के बारे में टिप्पणी करने से पहले अपने गिरेबान में झाँक कर देखें कि उनकी दृष्टि में क्या है। जब बच्चा दूध पी रहा होता है तो उस समय उन लोगों को क्यों अश्लील नहीं लगता ? माँ का दूध पी रहा है, तब उसमें अश्लीलता नहीं दिखती, मेरे कहने का आशय इतना है कि पहनना-ओढ़ना ये क्षणिक बातें हैं, ये बदलती रहती हैं। जो अब से सौ-सवा सौ साल पहले थीं वो लौट के आ जाती हैं। फिर नई आ जाती हैं। ये हर समय बदलती रहती हैं। इसमें है क्या, कुछ भी नहीं, इसमें क्यों बंधन डाल रहे हैं आप। जो लोग ऐसी बात करते हैं वो लोग पहले अपने कपड़ों के बारे में बात करें। वे स्त्रियों पर टिप्पणी करने के बजाय खुद पर टिप्पणी करें या खुद को देखें कि वो क्या पहन रहे हैं, ओढ़ रहे हैं। आदमी स्वतंत्र होता है कि उसे किस ढंग के कपड़े पहनने चाहिए, यह नियम स्त्री और पुरुष पर समान रूप से लागू होता है।

आप यह कह रहे हैं कि जिस तरह से पुरुषों को कपड़े पहनने की आज़ादी है स्त्रियों को भी होनी चाहिए।

हाँ, यह सही है। स्त्रियों पर इस तरह का सवाल उठाने वाले कट्टरपंथी लोग होते हैं, जो इस तरह का सवाल उठाते हैं। कट्टरपंथी संस्थान होते हैं वे ही स्त्रियों पर सवाल उठाते हैं कि ऐसे कपड़े पहनो, ये मत करो, वो मत करो, वे स्त्रियों पर ही पहले क्यों हुकुम चलाते हैं, वे अपने ऊपर क्यों नहीं चलाते ?

मैं यहाँ यह बात कहना चाहूँगा कि जो स्त्रियाँ पर्दा करके चलती हैं वो भी तो प्रताड़ित होती हैं और तो और उनका दर्द भी कहीं पर दर्ज नहीं होता है, पर्दे की वजह से अपनी बात भी कहीं पर नहीं रख सकती हैं।

हाँ, जो स्त्रियाँ इस तरह से रहती हैं वे तो ज्यादा प्रताड़ित होती हैं क्योंकि वो डरी हुई रहती हैं। उनका दर्द कोई नहीं देखता है। बाहर की बात तो छोड़ दें, घर के अन्दर भी प्रताड़ित होती हैं स्त्रियाँ। सबसे पहले तो शोषण की प्रक्रिया को रोका जाए, स्त्री को आप समानता का अधिकार नहीं देंगे तब तक यह स्थिति बनी रहेगी। पहनने-ओढ़ने को आप अगर इतना गम्भीरता से लेते हैं, तो आप

पुराने ज़माने के कपड़े उठाकर देख लीजिए कि क्या पहनते थे लोग? मैं चंद्रपुर महाराष्ट्र में रहा, वहाँ पर तो स्त्रियाँ ऊपर बलाउज़ नहीं पहनती हैं, सिर्फ़ कमर के नीचे एक कपड़ा लपेट के रखती हैं। ऐसी स्थिति में वहाँ तो रोज़ बलात्कार होने चाहिए थे, लेकिन वहाँ पर नहीं होते हैं। वहाँ पर क्यों नहीं होते? क्योंकि वहाँ पर स्त्रियों को बराबरी का हक दे रहे हैं। आप पहले दिमाग से निकाल दीजिए कि वो कमज़ोर हैं। और जब तक ये आपके दिमाग में बैठा रहेगा तब तक उनके लिए आप कानून बनाते रहेंगे। आप उनको सिखाते रहेंगे, ऐसे मत चलो, तिरछी मत चलो, टेढ़ी चलो, सीधी खड़ी मत रहो, झुक के खड़ी रहो। अरे! आप भी तो झुक के खड़े हो, आपको भी तो सीधा हो के चलना चाहिए। आप कौन हैं जो उसके ऊपर हुक्म चला रहे हैं। पहले आप अपनी काबिलियत तो सिद्ध करो? आप किसी काबिल नहीं हैं, गुण्डे-बदमाश हैं और दूसरों को शराफ़त सिखा रहे हैं। आप देखिए कि जितने भी कट्टरपंथी संस्थान हैं, वही सबसे पहले कपड़ों पर प्रतिबंध लगाते हैं, क्यों? क्योंकि वे उन्हें अपने से नीचा समझ रहे हैं। यह बहुत खतरनाक स्थिति है। मेरा मानना यह है कि सारी बुराई हमारे भीतर है, जो दूसरों के कपड़ों को देखकर बाहर निकल आती है। हम अपनी दुर्बलता को दूसरों पर लादने की कोशिश करते हैं और उसको सही ठहराते हैं कि मैं गलत नहीं हूँ वह नंगी घूम रही थी, तो मैं क्या करूँ। मतलब तुमको किसने हक दे दिया उसके साथ यह सब करने का। तुम कहाँ से मनमानी करने का हक ले के आये, कौन-से नेता ने तुमको यह अधिकार दिया है, उसका नाम बताओ? मेरा कहने का मतलब यह है कि हम उनके ऊपर इसलिए प्रतिबंध लगाते हैं कि हम उनसे श्रेष्ठ हैं। यह हमारे मन में कहीं पर बैठा हुआ है। यह अहम् भाव है हमारा। इस श्रेष्ठता के भाव को जब तक तोड़ा नहीं जायेगा तब तक ये चीज़ें खत्म नहीं होंगी।

इसी बात में कुछ जोड़ते हुए मैं यह कहना चाहूँगा कि महाराष्ट्र में स्थिति बेहतर है स्त्रियों की। तब क्या वहाँ पर हुए सामाजिक आन्दोलनों के कारण यह हुआ है?

वहाँ पर दोनों चीज़ें हैं। मैंने वहाँ के आदिवासियों के बारे में बताया था, वहाँ बराबरी है। वह उनके स्वभाव में है और बाकी जगह लोगों के संस्कारों में यह बात डाली गई है कि हम स्त्री का सम्मान करें।

तो क्या आप उत्तर भारत में एक सामाजिक आन्दोलन के बारे में सोचते हैं?

हाँ, बिलकुल होना चाहिए, सामाजिक आन्दोलन।

आप इसका कैसा स्वरूप देखते हैं?

इसके लिए दोनों को मिल के आगे आना पड़ेगा, स्त्रियों और पुरुषों को। अभी जिस तरह से लोग सामने आये हैं, उनमें लड़के थे, लड़कियाँ भी थीं। (दिल्ली में 16 दिसंबर की घटना के प्रतिरोध आंदोलन में) इसी तरह के आन्दोलन को आगे ले जाने की ज़रूरत है। यह आन्दोलन जब तक आगे नहीं जायेगा तब तक हमारा समाज ऐसे ही पिछड़ा हुआ रहेगा। कट्टरपंथी बना रहेगा। यह बहुत गंभीर मामला है। इस पर पूरे देश को एकमत होकर सोचना पड़ेगा। मेरी तो यह पक्की धारणा है कि इस तरह की हरकत करने वाले बच्चे माँ–बाप से ही सीखकर आते हैं। जो लोग इस तरह का काम कर रहे हैं वे बीमार हैं। वे हमारे समाज के ही लोग हैं, तो ऐसे बीमार लोगों के इलाज की ज़रूरत है। हम यह नहीं कह रहे हैं कि फाँसी पर चढ़ा दो उनको। उनको सिखाओ तो सही कि गलत क्या है, सही क्या है। जो लड़के इस तरह का व्यवहार कर रहे हैं, वे नहीं समझ रहे हैं कि वे गलत कर रहे हैं। अपने को सही मानकर यह कर रहे हैं। तभी इतना बड़ा कदम उठाते हैं। मुझे लगता है कि कानून से ज्यादा सामाजिक जीवन को सुधारने की ज़रूरत है। कानून अपना काम करता है, उसकी भी ज़रूरत है। लेकिन सामाजिक जीवन में हमारी जो कमज़ोरियाँ है, उन पर भी नज़र डालनी पड़ेगी।

आप यह कह रहे हैं कि जो बीमार व्यक्ति है उसका इलाज करने की ज़रूरत है।

हाँ, उसका इलाज करने की ज़रूरत है, ना कि उसकी गर्दन काट दें और बीमारी खत्म हो गई। कई लोग बोल रहे हैं कि उनको फाँसी की सज़ा दे दो, ये कर दो वो कर दो। क्या इससे समस्या खत्म हो जाएगी। अगर आपने दो–चार लोगों को फाँसी पर चढ़ा भी दिया, तो समस्या खत्म हो जाएगी ? समस्या तो जहाँ है, वहाँ पर मौजूद है। आप ज़रा सर्वेक्षण करके देखो बाज़ार का, सड़कों का, रास्तों का, तो आप सिर्फ़ खड़े हुए पुरुषों को देखोगे। जब स्त्री या कोई

लड़की गुज़रती है तो लोग किस नज़रिये से देखते हैं। मतलब उनकी दृष्टि को देखो, मतलब समाज में कहीं पर गड़बड़ है। कहीं बैठा हुआ है समाज के अंदर जिसको छुपाना भी चाहते हैं और वक्त आने पर दिखाते भी हैं, दरिंदगी पर उतर आते हैं।

यदि सार्वजनिक सुविधाओं के बारे में बात करें तो भी हमारे यहाँ यह पुरुष केन्द्रित व्यवस्था है। ज़रूरतें स्त्री-पुरुष दोनों की हैं, लेकिन सुविधाएँ सिर्फ़ पुरुषों के लिए हैं।

समाज सोच भी नहीं सकता है कि स्त्रियों को भी उन सुविधाओं की ज़रूरत है। मैं वही बार-बार कह रहा हूँ कि समाज के अन्दर जो दुर्गुण भरा हुआ है। उस पर ध्यान नहीं जा रहा है लोगों का। हम उस एक बीमार पेड़ की डालियाँ छाँटने का काम कर रहे हैं कानून बना के। हम उसकी जड़ों को नहीं देख रहे हैं कि वहाँ पर दीमक लगी हुई है। हमें उस दीमक को दूर करने का रास्ता भी तो ढूँढ़ना चाहिए। हमें वहाँ पर देखने की ज़रूरत है। हम सब लोगों को मिलकर, इन सारी चीज़ों को बुराई की तरह देखना चाहिए कि यह समाज की बुराई है। अभी देहरादून में एक घटना हुई। शादी के आखिरी समय में कि लड़की ने शादी करने से मना कर दिया, बोली कि मैं इस लड़के से शादी नहीं करूँगी। इसलिए कि वह दहेज़ की माँग कर रहा था। सारे समाज के लोगों ने लड़की का सम्मान किया कि ऐसे व्यक्ति को सबक सिखाना ज़रूरी है, लेकिन बात इतने तक खत्म हो गई। जिसने दहेज़ माँगा है उस पर कानूनी शिकंजा क्यों नहीं कसा, जबकि तुम्हारे पास कानून है। उस पर कोई कार्रवाई नहीं की गई। उसने कह दिया कि मैंने तो दहेज़ नहीं माँगा। अब वे क्या करेंगे कि लड़की के ऊपर आरोप लगायेंगे, उसका चरित्र हनन करेंगे। जब सारे लोग उसके पक्ष में हो गये तो वह चुप होकर बैठ गया। पर कानून को अपना काम करना चाहिए था कि लड़की के बयान के आधार पर उसको गिरफ़्तार करके लाते। जो कानून बना हुआ है उसका उपयोग नहीं हुआ और थोड़े दिनों में लोग यह किस्सा भूल जायेंगे। कई संस्थाओं ने उस लड़की को सम्मानित किया था। इस तरह की घटनाएँ जब बढ़ेंगी तो कानून कमज़ोर पड़ जाएगा। इसलिए मुझे लगता है कि कानून से ज़्यादा सामाजिक चेतना की ज़रूरत है। सामाजिक चेतना पैदा करने की, उसी से बदलाव आयेगा।

जाति के संबंध में सवाल पूछना चाहूँगा कि ऐसा कहते हैं कि मुस्लिम समाज में जाति नहीं है। पर हकीकत में उनमें भी कुछ भेद पाये जाते हैं। जाति व्यवस्था ने उस समाज पर भी कैसे प्रभाव डाला?

यह कहना गलत है कि भारतीय मुस्लिम समाज में जाति नहीं है। वे भी जाति विभाजन से ग्रसित है, बुरी तरह से। उनके यहाँ जगह-जगह यह बात दिखाई देती है। लेकिन वहाँ पर अस्पृश्यता का वैसा रूप नहीं है, वह ढीला है। उनके वहाँ ये नहीं है कि मस्जिद में जाने नहीं दिया जाता है। वहाँ पर पंक्तियाँ अलग होती है। उनमें छोटे-बड़े बहुत सारे हैं। ये तो मुगलों के समय में भी था कि जितने भी ऊँचे पद थे, वहाँ पर उच्च जातियों के लोग बैठे हुए थे। ऊँची जाति के लोग सत्ता में अधिकारी बने हुए थे और नीची जातियों के लोग सिपाही वगैरह थे। जो लोग यह कहते हैं कि उनमें जाति नहीं है, वे गलत बोल रहे हैं। हिन्दू समाज में और मुस्लिम समाज में थोड़ा फ़र्क है, खान-पान में भी अंतर है, बेटी व्यवहार का अंतर है, शादियाँ नहीं होती हैं। बड़ी जातियों के मुसलमान छोटी जातियों में शादी नहीं करते हैं। खान-पान में भेदभाव उनके वहाँ कम मिलता है। जाति का स्वरूप जो वहाँ पर है, वह हिन्दू समाज से गया है। खान-पान और आराधना करने में कोई अंतर दिखाई नहीं देता है। बाहर से जब हम देखते हैं तो वह कम दिखाई देता है। सामान्य तौर पर लोग इस विषय पर ज्यादा बात भी नहीं करते हैं। अब वहाँ पर भी लोगों ने जाति लिखना शुरू कर दिया है, जिससे यह पता चल रहा है कि वहाँ पर जाति भेद है और उसकी खराब स्थिति है। ये बिलकुल सही है कि उनमें भी जाति भेद आ चुका है और उसका रूप धीरे-धीरे खराब ही होता जा रहा है।

आप बता रहे थे कि हिन्दू समाज से ही जाति वहाँ पर गई। कैसे?

कुछ चीज़ें तो यहाँ से गई हैं। जो कन्वर्ट हुए हैं, बैकवर्ड क्लास से या दलितों से, उनको वह सम्मान वहाँ जाकर भी नहीं मिला, जो मिलना चाहिए था। लेकिन जो बातें मुगलों से आई हैं उनमें, उन्होंने भी सत्ता में ऊँची जगह ऊँची जाति के मुसलमानों को ही दी। उनके दरबार में किसी का भी नाम उठाकर देख लीजिए, कोई नीची जाति का व्यक्ति नहीं है। यहाँ तक कि अकबर जैसा व्यक्ति भी जो संवेदनशील कहा जाता है, जिसे सहिष्णु कहा जाता है, उसके दरबार में भी सारे वही लोग थे जो राजस्थान के राजपूत थे या ब्राह्मण थे या मुसलमानों के सैयद

आदि ऊँचे दर्जे के मुसलमान थे। ये नहीं कह सकते हैं कि वहाँ जाति सिर्फ़ हिन्दू धर्म से ही गई है, हाँ यह ज़रूर हुआ है कि इधर जो प्रताड़ित लोग हैं, वे आकर्षण में वहाँ गये। और उन्होंने जब धर्म परिवर्तन किया तब शुरू में तो लगता है कि अच्छा व्यवहार मिला। वहाँ खान-पान में कोई अंतर नहीं था, इबादत करने में अंतर नहीं था। कुछ जगहों पर यह आकर्षण था, लेकिन पूर्णतया यह सही नहीं है।

लोग धर्म परिवर्तन करके आकर्षण की वजह से वहाँ गये तो वहाँ पर उनके साथ कैसा व्यवहार हुआ?

भेदभाव वहाँ पर भी है, जैसा हिन्दू समाज में होता है वैसा ही है। लेकिन अस्पृश्यता का भाव वहाँ पर कम है, जैसे ऊँचे दर्जे के लोग ऊँचे दर्जे के लोगों में ही व्यवहार करते हैं, नीचे वालों से सम्बन्ध नहीं रखते हैं। आप देखिए सूफ़ी संतों में एक भी नीची जाति का संत नहीं हुआ है। जैसे हमारे यहाँ पर संत हुए हैं। यह अंतर वहाँ साफ़ दिखाई देता है कि सत्ता में जो लोग बैठे हुए हैं। युद्ध में जा रहे हैं, तब यह नहीं होता था कि उनकी रसोई अलग से बन रही है। जबकि हिन्दुओं की रसोई अलग-अलग होती थी। बहुत सारे लोग अपना-अपना खाना बना के खाते थे। मुसलमानों में ऐसा नहीं था। अगर कोई अच्छा रसोइया होगा तो सबके लिए खाना पकाएगा। लेकिन बहुत सारी चीज़ों में प्रतिबंध रहे हैं और वो प्रतिबंध झेलते रहे हैं। हिन्दू समाज की ज्यादतियों के बाद जो लोग वहाँ पर गये उन्हें शुरू में तो कोई दिक्कत नहीं हुई। लेकिन लम्बे समय बाद जब चीज़ें व्यवहार में आनी शुरू होती हैं, तब इसका पता चलता है। वहाँ शादी-ब्याह का मामला अटक जाता है, वहाँ यह भेद तो है। जो लोग यहाँ से वहाँ गये उनके साथ वैसी ज्यादतियाँ नहीं होती थीं, जैसी यहाँ पर हिन्दू धर्म में होती थीं। यहाँ उनको मज़दूरी का पैसा नहीं दिया जाता है, सड़कों पर नहीं चलने दिया जाता है, ऐसे भयानक अस्पृश्यता वाले अनुभव वहाँ पर नहीं थे। वहाँ पर वे काम कर रहे थे, सड़कों पर चल सकते थे। एक चीज़ आप देखिए, जो व्यक्ति यहाँ पर मशक से पानी भर के सड़क पर छिड़कता था, उसका यहाँ पर कोई सम्मान नहीं था। वहाँ पर लोग उसकी मशक से पानी पीते थे।

क्या ईसाइयों में भी जाति भेद मौजूद है?

पहले, ईसाइयों में जाति भेद नहीं था, लेकिन अब शुरू हो गया है। अब जिन लोगों ने दलितों से धर्म परिवर्तन किया, उनके साथ ऐसा व्यवहार होता है।

केरल में, उत्तर भारत में वही स्थिति है। यहाँ तो मैंने खुद अपनी आँखों से देखा है। जो लोग दलित समाज से कन्वर्ट हुए हैं, उनके तो चर्च अलग बन रहे हैं। तो क्या फ़ायदा हुआ। यानी बीमारी वहाँ पर भी पहुँच गई। अगर अलग ही बनाने हैं तो यहीं पर बना लो वहाँ पर जाने की क्या ज़रूरत है। वहाँ पर आप दोयम दर्जे के नागरिक हैं तो यहाँ पर तो आप नागरिक ही नहीं हैं।

आप बौद्ध धर्म के बारे में क्या कहेंगे?

वहाँ पर तो जाति ही नहीं है।

यह सही है कि लोग वहाँ पर जा रहे हैं तो क्या हमें धर्म की ज़रूरत है?

आप अगर मुझसे व्यक्तिगत सवाल पूछ रहे हैं तो बताता हूँ कि मैं किसी धर्म में विश्वास नहीं करता हूँ। मुझे हमेशा धर्म एक विलेन की तरह दिखाई देता है।

मैं यह कह रहा था कि लोग इस्लाम में गये, ईसाई बने फिर भी वैसा सम्मान नहीं मिला जैसा उनको मिलना चाहिए था। ठीक है आपको किसी धर्म में बुराई दिख रही है तो आप उसे छोड़ दें, यहाँ तक तो ठीक है लेकिन आपको दूसरा धर्म ही क्यों चाहिए, आप उसमें जाएँ ही नहीं, जो है उसे छोड़कर स्वतंत्र हो जायें।

देखिए, मैं किसी धर्म में विश्वास नहीं करता हूँ। लेकिन मेरे घर में या मेरे दोस्तों के घर में कुछ धार्मिक कार्यक्रम हो रहा है तो मैं उसमें जाकर बैठ जाता हूँ। इस आस्था में नहीं बैठता हूँ कि मुझे पूजा-पाठ का कुछ पुण्य मिल रहा होता है। अपने मित्र की सामाजिकता को बरकरार रखने के लिए जाकर बैठता हूँ। लेकिन मेरा विश्वास धर्म में नहीं है। मेरा यह मानना है और मैंने पहले भी यह बात कही थी, धर्म कभी दासता के विरोध में नहीं बोलता है। बल्कि दासता का समर्थन किया है धर्म ने। जो आदमी व्यक्ति स्वतंत्रता की बात न करता हो, कोई भी धर्म अगर मनुष्य की स्वतंत्रता की बात न कर रहा हो तो वह मानवीयता के खिलाफ़ है।

मैं सोचता हूँ कि डॉ. अम्बेडकर ने हिन्दू धर्म छोड़ा और लाखों लोगों को हिन्दू धर्म की दासता से आज़ादी दिलाई। यहाँ तक तो ठीक है, उन्हें याद किया जाना ज़रूरी है। उतने ही ज़रूरी हैं उनके वे विचार। लेकिन आज डॉ. अम्बेडकर के विचारों को मानने के बजाय कुछ लोग उनकी पूजा कर

रहे हैं। फिर तो जिस तरह के कर्मकांड हिन्दू धर्म में हैं उसी तरह के वे कर रहे हैं। फिर डॉ. अम्बेडकर ने जिस मुक्ति की बात कही वो कहाँ पर है?

देखिए, जिस समाज की आप बात कर रहे हैं, डॉ. अम्बेडकर कहाँ से निकालकर लाये? वो समाज जहाँ से निकलकर आया वहाँ पर आस्था की जड़ें मज़बूत थीं। चाहे वो किसी की भी रही हों, चाहे वो किसी का भी प्रभाव रहा हो या किसी के दबाव से रहा हो। लेकिन एक लम्बे समय तक व्यक्ति, जब आस्था से चिपका रहता है तो उनको छोड़ नहीं पाता है। उनको दोहराने की कोशिश करता है, जैसा उनको वहाँ पर देखने को मिलता था। इसके लिए मैं आपको कुछ उदाहरण दूँगा। हरेक आदमी से यह उम्मीद नहीं कर सकते हैं कि वह उसी स्तर पर सोचेगा जैसा कि डॉ. अम्बेडकर सोच रहे थे। सामान्य लोगों, खासतौर पर आप जो बता रहे हैं, वे लोग बहुत ही साधारण हैं। जिन्होंने डॉ. अम्बेडकर को इस रूप में लिया। लेकिन मेरा यह मानना है और एक मामले में मैं बहुत स्पष्टवादी हूँ कि अगर उस समाज में कोई परिवर्तन आने की सम्भावना दिखती है तो जिस व्यक्ति ने उनको जीने की राह दिखाई, जिस व्यक्ति ने उन्हें एक सम्मानजनक जीवन जीने का रास्ता दिखा दिया, जिस व्यक्ति ने उन्हें अँधेरे से निकाल कर उजाले में खड़ा कर दिया, जिस व्यक्ति ने उनकी भूख दूर करने की कोशिश की, जिसने उनको ऐसा जीवन दिया जहाँ पर वे अपने को मनुष्य के रूप में सिद्ध कर सके अगर वे उसे ईश्वर मान रहे हैं तो क्या गलती है। आप यह देखिए कि जितने भी धर्म हैं, इस्लाम में पैगम्बर माना, ईसाई में ईसा मसीह क्यों माना? हमारे यहाँ पर हिन्दू धर्म में देखिए राम को, कृष्ण को देवत्व प्राप्त है तो क्यों, यानी वे भी तो इन्सान हुए ना। मुझे यह लगता है कि साधारण आदमी की जो भावनाएँ होती हैं, हम उनको अनसुना कर देते हैं। लेकिन जो बौद्धिक वर्ग है, वह इस तरह की बात नहीं सोचता है, वो उनकी विचारधारा के बारे में सोचता है। जो सामान्य व्यक्ति होता है, गृहस्थ जीवन का व्यक्ति होता है। बुद्ध ने दो तरह के उपासक बनाये, एक गृहस्थ और एक प्रचारक, जिनको भिक्षुक कहते हैं। भिक्षुक के लिए नियम, कायदे-कानून अलग थे, उपासकों के लिए अलग कायदे-कानून थे। ये बुद्ध ने बनाये थे। मुझे ऐसा लगता है कि डॉ. अम्बेडकर को लेकर आम जनता, जिसकी आप बात कर रहे हैं, उसके मन में वैसी भावनाएँ हैं। इतना ही नहीं जब दलित साहित्य की शुरुआत हिन्दी में हो रही थी तभी डॉ. अम्बेडकर के यशोगान की कविताएँ लिखी जा रही

थीं। वह एक दौर होता है, एक समय होता है, जहाँ आस्था मज़बूत होती है। आस्था से निकलकर बाहर आते हैं लेकिन आज की स्थिति में चीज़ें डायल्यूट हो रही हैं। आज के जो भी कवि कविता लिख रहे हैं, वे डॉ. अम्बेडकर के ऊपर कोई कविता नहीं लिख रहे हैं। आज वे डॉ. अम्बेडकर के विचारों को आधार बनाकर कविता लिख रहे हैं। डॉ. अम्बेडकर की जो शिक्षा है, जो ज्ञान है उससे कैसे सामाजिक जीवन बदला जा सकता है, कैसे समाज में परिवर्तन आ सकता है उसकी बात कर रहे हैं। लेकिन उसकी भी ज़रूरत थी उस वक़्त डॉ. अम्बेडकर को जैसे मंचों पर बैठाये जा रहे थे, उनकी पूजा कर रहे थे, आम लोगों में उनका प्रचार-प्रसार करने के लिए। *रामचरितमानस* इतनी प्रसिद्ध क्यों हुई, आम लोगों के कारण हुई। रामलीलाओं के माध्यम से लोगों तक पहुँचाया गया। उनके बारे में किसी ने कभी कोई सवाल नहीं उठाया कि ये गलत हो रहा है। लेकिन यहाँ पर भी मुझे ऐसा लगता है कि कहीं पूर्वाग्रह काम कर रहे हैं। ये स्थितियाँ हैं और दलित साहित्य ने इस पर बहुत काम किया है। अब ऐसा दौर आया है। नये कवियों की कविता उठा कर देख लीजिए, हमारे दौर की कविता उठाकर देख लीजिए, अब डॉ. अम्बेडकर पर कविता नहीं लिख रहे हैं। कोई ऐसी कविता नहीं लिख रहा है। मैंने कभी कोई कविता डॉ. अम्बेडकर पर नहीं लिखी। कंवल भारती की कुछ कविताएँ हैं शुरू में, नैमिशराय ने भी कविताएँ लिखीं, उनके विचारों को लेकर। मेरे कहने का मतलब यह है कि हम लोग लगातार लोगों के कार्यक्रमों में जाते रहे, हमारे सामने ही बहुत सारी चीज़ें होती थीं लेकिन मेरा यह मानना है कि वह एक चरण है, उस दौर से निकल आते हैं बाहर। जब आन्दोलन बाहर आ जाता है तो आदमी की भावना उससे बाहर आ जाती है, जब अगली पीढ़ी आती है। हमने जिस दौर में कविताएँ शुरू की थीं, मेरा पहला काव्य संग्रह *सदियों का संताप* और चौथे काव्य संग्रह *शब्द झूठ नहीं बोलते* में आपको अंतर दिखेगा। क्योंकि उस समय हमारा आन्दोलन शुरू हुआ था। हमें उस आन्दोलन के माध्यम की कविताएँ लिखनी थीं और बाद में वह परिपक्व होता जाता है तो रचनाएँ भी उसी तरह से परिपक्व होती जाती हैं। और अधिक परिपक्व होगा तो उन विचारों का परीक्षण करके बौद्धिकता के साथ उन चीज़ों को ऊपर उठा के ले जायेंगे। हो सकता है कि उसमें रचनाएँ कुछ अलग तरह की आयें। जो नई पीढ़ी हमारे सामने आई है वह चीज़ों को अलग ढंग से देखेगी और वो इसलिए देखेगी कि उसके अनुभव अलग होंगे

और अनुभवों के साथ आ रही है, तो मुझे लगता है कि मेरे हिसाब से यह कोई गलत काम नहीं है।

आजकल मीडिया में भी नई पीढ़ी है। क्या उनके नज़रिये में कोई बदलाव आया है?

मीडिया में कोई बदलाव नहीं आया है जैसा पहले उसका रवैया था आज भी वैसा ही है। मीडिया में दलित नहीं के बराबर हैं। उनको आप उँगली पर गिन सकते हैं और कुछ लोग वहाँ पर बैठे हुए हैं वे अपनी पहचान छुपा कर बैठे हुए हैं। अगर कोई है भी तो उसने ऐसा कोई काम नहीं किया जो दलितों को उभार सके। वह दलित समाज को हिन्दू नज़रिये से देखता है, उसके लिए इसकी कोई कीमत नहीं है, फ़ालतू का समझता है। वे इनको फ़ालतू का हल्ला करने वाला समझते हैं। वे तो यह कहते हैं कि कहाँ है जाति। इसका आभास ही नहीं है कि समाज में क्या हो रहा है। इस तरह की घटनाओं को उठाते भी नहीं ज़्यादा। आप अभी देख लीजिए, दो तरह की चीज़ें एक साथ हो रही हैं, यहाँ देखिए कि आरक्षण में पदोन्नति पर मीडिया ने किस तरह का शोर मचाया था। जो लोग विरोध कर रहे हैं, उनको खूब कवरेज मिला और जो लोग पक्ष में रहे हैं उनकी फ़ोटो तक नहीं आई। ऐसे लोगों का समाचार तक नहीं आता है, अखबारों में। दिल्ली में बहुत बड़ा विरोध प्रदर्शन किया था उदित राज ने, मीडिया ने कितना उसको हाईलाइट किया। देहरादून में भी बहुत बड़ी रैली हुई थी। मीडिया ने कहीं उसको नहीं दिखाया। यानी मीडिया का रवैया तो वैसा ही है।

क्या मीडिया दलित समाज के प्रति हुए किसी भेदभाव को कवरेज देता है?

नहीं देता। तब देता है, जब हल्ला हो जाता है, तब थोड़ी-सी खबर आती है, उससे पहले नहीं। मिर्चपुर कांड पन्द्रह-बीस दिनों तक अखबारों में नहीं छपा था। उसको कोई कवरेज नहीं मिला था। मुझे याद है कि कुछ वर्ष पहले गढ़वाल में एक घटना घटित हुई थी। एक परिवार के पूरे लोगों को घर के अंदर बंद करके जला दिया गया था। इस घटना के बाद वहाँ पर दलित सामाजिक कार्यकर्ता ने सारे अखबारों को खबर दी थी। कहीं भी न्यूज़ नहीं छपी थी। वह आठ-दस दिनों तक अखबारों के दफ़्तरों में भटकता रहा। आखिर में, उसे किसी ने बताया कि ओमप्रकाश वाल्मीकि से जाकर मिलो। वह मेरा घर ढूँढ़ता-ढूँढ़ता

मेरे पास पहुँचा। शाम को जब वह मुझसे मिला तो उसने रो-रो कर सारी घटना बताई। मुझे लगा कि यह तो बहुत बड़ी घटना हो गई। मेरी समझ में यह नहीं आया कि क्या करूँ। फ़ोन करके किसको बताऊँ, वैसे फ़ोन की सुविधा बहुत कम जगह पर थी। मैंने *हिन्दुस्तान टाइम्स* को एक तार किया था। टेलिग्राम करने वाला इस समाचार को भेजने में हिचकिचा रहा था। मैंने कहा, ''मैं आपको पैसे दे रहा हूँ, मुझे इसको भेजना है। आपको नहीं भेजना है, तो मुझे अपना नाम बताओ, पद बताओ। अभी समय है टेलिग्राम भेजने का। जब उसने ये टेलिग्राम किया तो अगले दिन, *हिन्दुस्तान टाइम्स* के पहले पन्ने पर, जो साइड में एक पट्टी आती है, उसमें सबसे ऊपर वह न्यूज़ थी। और उसी दिन उसको लेकर लोकसभा में हंगामा हो गया था। तब जाके इस पर कार्रवाई की गई। तो यह स्थिति है। हरियाणा में जो घटना घट रही है, उसमें भी ऐसा ही होता है, जबकि वह तो दिल्ली के पास है, गढ़वाल तो दूर था। लेकिन वहाँ के स्थानीय अखबार यह खबर छापने को तैयार नहीं थे। और जब उसमें आ गया तो सारे अखबारों ने छापना शुरू कर दिया। मीडिया का रवैया दलितों के लिए सकारात्मक नहीं है। कहीं-कहीं तो ये भी दिखाई देता है कि पूरा मीडिया जातिवादी है। लेकिन वे कहते हैं कि हम जातिवादी नहीं हैं।

आपने यह बताया है कि मीडिया में बैठे हुए लोग दलित समाज की खबरों को प्रमुखता नहीं देते हैं, फिर भी मैं यह जानना चाहूँगा कि क्या कुछ लोग ऐसे हैं जो दलित समाज को तवज्जो देते हैं?

इसमें बहुत कम लोग हैं, जो उँगलियों पर गिने जा सकते हैं और इक्का -दुक्का लोगों से बात नहीं बनती है। क्योंकि ये लोग भीड़ में खो जाते हैं। मेरी कहानी है, मीडिया पर 'दिनेशपाल जाटव उर्फ दिग्दर्शन'। उसमें यही दिखाया गया है। उसमें बड़ी घटना घटित हो जाती है। गढ़वाल में एक जोशीमठ है, उसके पास एक पहाड़ है। पहाड़ के भूस्खलन में पूरा गाँव दब जाता है। सामाजिक कार्यकर्ता हैं और कलेक्टर तक वहाँ जाकर खड़ा होता है, लाशों को बाहर निकालने के लिए। लेकिन दलितों की बस्ती गाँव से बाहर होती है, उन्हें नहीं निकालते हैं। सामाजिक कार्यकर्ता और पुलिस तक ने मना कर दिया कि हम दलितों की लाशों को हाथ नहीं लगायेंगे, जबकि कलेक्टर वहीं पर खड़ा है। कहानी का नायक एक राष्ट्रीय अखबार में उप संपादक है। यह समाचार उसे

उद्वेलित करता है, उसे छाप देता है। अगले दिन उसकी नौकरी चली जाती है। पहले वह दिनेशपाल जाटव के नाम से लेख लिखा करता था, वो छपते नहीं थे। नाम बदल दिया दिग्दर्शन कर दिया, और इसी नाम से लेख छपने शुरू हो गये। मीडिया में है यह स्थिति, यह मीडिया का खोखलापन है।

पहले आपने मायावती के बारे में बात की, उनके उठाये मुद्दों के बारे में बात की, आप उनके कार्यक्रम के बारे में क्या कहेंगे?

देखिए, आज जो राजनीतिक स्थिति बन चुकी है, उसमें आप किसी भी राजनीतिक दल पर भरोसा नहीं कर सकते हैं कि वह कब क्या करेगा, चाहे वह कोई भी दल हो। सब दोहरी मानसिकता में जी रहे हैं। लेकिन एक जो खास बात उसमें दिखती है, वह यह कि उसने दलितों को गोलबंद कर दिया है। यह उसका बहुत बड़ा योगदान है। राजनीति की शक्ल बदल दी है उसने। चाहे उत्तर प्रदेश चुनाव में वह हार भले ही गई हो। उसने दलितों का एक समूह बना दिया है और पूरा दलित समाज सोचने लगा है कि वह किधर जाये। अभी भी बहुत सारे दलित कुछ भाजपा के साथ हैं, कुछ कांग्रेस के साथ हैं, कुछ सपा में भी हैं। इनके ऊपर यह आरोप भी लगता है कि ये जातिवादी हैं, सारे चमारों को इकट्ठा करके इसने पार्टी बना रखी है, लेकिन ऐसा नहीं है। लोग लांछन लगाने या भड़काने में कोई कमी नहीं छोड़ते हैं। आप एक चीज़ यह देखिए कि गलतियाँ उन्होंने भी की हैं, बहुत गलतियाँ की हैं और उन गलतियों का विरोध भी हुआ है। कोई बुद्धिजीवी, कोई लेखक, उसकी पार्टी में नहीं है। दलित लेखकों में से कोई उसकी पार्टी में सक्रिय कार्यकर्ता नहीं है। वो इसलिए नहीं है कि उसमें इतने ज़्यादा अंतर्द्वंद्व पैदा हो जाते हैं, वह हजम नहीं होता है। लेकिन उसकी जो सकारात्मक चीज़ें हैं, इतिहास रच दिया है उसने, नोएडा में दलित प्रेरणा स्थल बना के। आज तक इतना बड़ा काम कोई नहीं कर पाया और कितना विरोध हुआ, हर स्तर पर विरोध हुआ लेकिन कोई सोचने को तैयार नहीं है कि हज़ारों सालों से दलितों ने कई बड़े काम किये हैं लेकिन इतिहास उनको छुपा देता है। उन पर बात नहीं करता है और मायावती ने खड़े कर दिये प्रेरणा स्थल, अब तुम हटाओ। आप यह देखिए कि यही संविधान किसी और ने रचा होता तो जगह-जगह उसके पुतले लगाये गये होते। लेकिन ये पुतले कब लगने लगे, जब दलितों में चेतना पैदा हुई।

आपने मायावती के अच्छे कामों में प्रेरणास्थल बनाना गिनाया है, उसमें काफ़ी पैसा खर्च हुआ है। यदि यहाँ पर खर्च किये हुए पैसे को दलितों पर खर्च किया जाता तो कैसा रहता? जबकि प्रेरणा स्थल से दलितों की हालत तो नहीं सुधरी।

इसमें क्या नुकसान है, हम कोई भी प्रेरणा स्थल और मोन्युमेन्ट्स क्यों बनाते हैं? कोई भी धर्म स्थल खड़ा करते हैं, क्यों करते हैं?

नहीं, मैं यह कह रहा था कि जितना पैसा इधर खर्च हुआ है उतना अगर सीधा दलितों पर खर्च होता तो स्थिति क्या होती?

मुझे यह बताओ कि मोन्युमेन्ट्स क्यों बनाये जाते हैं। गाँधी जी के पुतले सब जगह पर लगे हैं, किसी ने सवाल नहीं उठाया, जवाहरलाल नेहरू के सब जगह पर लगे हैं। मालवीय के पुतले सब जगह पर लगे हैं। जो गाँव उनके बारे में जानता भी नहीं है वहाँ भी पुतले लगे हुए हैं। तमाम लोगों के लगे हुए हैं, आजकल उपाध्याय के लग रहे हैं। सबके लग रहे हैं, किसी को परेशानी नहीं है। दलितों के पुतले लगने लगे हैं, तो सबको दिक्कत हो रही है।

नहीं, नहीं मेरा सवाल यह नहीं था।

आप मुझे बताइये, पहले सुन लो, मेरा जवाब सुन लो, राष्ट्रीय स्तर पर किसी दलित का कोई मोन्युमेन्ट है जो सरकारी पैसे से बना हो, है? ग़ैरदलितों के कितने हैं, क्यों? आप यह कहेंगे कि उनको प्रेरणा मिलती है। क्या उनको प्रेरणा स्थल नहीं चाहिए, जहाँ से उनको प्रेरणा मिलती है, क्या उनको नहीं चाहिए प्रेरणा? तुम तो बनाओगे नहीं और दूसरों को बनाने नहीं दोगे। उसने तो दस हज़ार साल का बदला एक साल में चुकता कर दिया। सँभालो। इसको अगर कोर्ट ने तोड़ दिया होता, तो देखते यहाँ क्या बवेला होने वाला था। एक नई कहानी शुरू होने वाली थी। ये तो अच्छा हुआ, फ़ैसला उसके पक्ष में चला गया। आप यह कह रहे हैं कि कहीं और पैसा लगाते, उसने जहाँ पैसा लगाया, उसकी दुनिया ने कहीं पर बात की? नहीं की। यानी जो अच्छे पक्ष हैं, मज़बूत पक्ष हैं उन पर मीडिया चुप हो जाता है। जो खराब पक्ष हैं, उन पर बात की जाती है। आप देखिए, बाल ठाकरे एक क्रिमिनल व्यक्ति था, जिसको वोट का अधिकार तक नहीं था, उस व्यक्ति को मीडिया कैसे हाईलाइट कर रहा है। उस व्यक्ति की एन्टी-नेशनल एक्टीविटीज़ थीं। उत्तर भारत के लोग बम्बई में न रहें, यह वह

सब करता रहा। हिन्दी के अखबार उसे लिये फिर रहे हैं, सारे टीवी उसे लिए फिर रहे हैं जैसे कोई भगवान मर गया हो! ये तो हाल है, हमारी बुद्धि कहाँ चली गई है, हम क्या कर रहे हैं और फिर हम मीडिया को लोकतंत्र का चौथा पाया बोलते हैं। लोकतंत्र के खिलाफ़ काम करने वाले व्यक्ति को इतना हाईलाइट करने की ज़रूरत क्या थी मीडिया को। खासतौर से वह संविधान के खिलाफ़ जाता है। देश में हरेक व्यक्ति को कहीं पर भी आने-जाने की स्वतंत्रता होनी चाहिए, उसका विरोध कर रहा था वो। उसे महान बना दिया मीडिया ने, फ़ोटो छाप रहे हैं उसकी। जो गालियाँ दे रहा है, उत्तर भारत के लोगों को, बिहारियों को। जब मैं स्टूडेन्ट था मुम्बई में, मेरा एक दोस्त 'भैयाजी आ जाओ', ऐसे करके बोलता था। मैं सोचता था, 'हमारे यूपी में एक-दूसरे को भैयाजी बोलते हैं, उसी तरह से समझता था।' उसी सेन्स में ले रहा था। अचानक एक लड़के ने मुझसे पूछा, शायद वह साउथ इंडियन था, मुम्बई में ही पैदा हुआ था। उसने मुझे कहा कि आपको चाय के समय, नाश्ते के समय, भैयाजी कहकर बुलाता है, तो आपको बुरा नहीं लगता है? यूपी के ग्वाले हमारे घरों में दूध पहुँचाने आते हैं, यह भैया शब्द उनके लिए इस्तेमाल होता है। उन्हें भैया कह के बुलाते हैं और किसी को भैया नहीं। क्योंकि तुम यूपी के हो इसलिए उन्होंने तुम्हें भैया कह के बुलाया है। आप सोचिए ज़रा! मतलब ये स्थिति है, कितनी नफ़रत है, उत्तर भारत के लोगों के प्रति और उस आदमी को मीडिया हाईलाइट कर रहा है। हमें तो मीडिया पर बिलकुल यकीन नहीं है, मीडिया बिका हुआ है। देखिए, अभी जी-टीवी वालों की पोल खुल चुकी है। न्यूज़ को रोकने के लिए उन्होंने पैसा लिया था। जहाँ देश में ऐसी स्थिति हो वहाँ मुझे नहीं लगता है कि प्रेरणास्थल बना के मायावती ने कोई गलत काम किया था। जिस जगह पर डॉ. अम्बेडकर का निर्वाण हुआ था, उस जगह पर भारत सरकार कोई खर्च नहीं कर रही है। क्यों नहीं कर रही है उसके ऊपर, बाकी लोगों के ऊपर तो आप खर्च करते हैं। एक बहुत मज़ेदार चीज़ है, जब कोई दलित या पिछड़ा दिल्ली में नाम कमा के मर जाता है, तो उसके शव को उसके गाँव में भेज देते हैं। डॉ. अम्बेडकर के साथ भी यही हुआ, उन्हें मुम्बई भिजवा दिया था। दादर में उनका अंतिम संस्कार हुआ, यहाँ नहीं हुआ। जब चरण सिंह को भी भेजा था, चरण सिंह के समर्थक लट्टू लेकर आ गये। उन्होंने बना लिया किसान स्थल। आप बाकी का देखिए, अगर ऐसा था तो जितने भी बाहर के लोग थे, उन सबको बाहर भेजते, बाकी

लोगों का अंतिम संस्कार दिल्ली में हुआ। यह जगह किसी के लिए रिज़र्व है क्या ? गाँधी स्थल पर कितना पैसा खर्च होता है! कई स्कूल बने हुए हैं, कहीं पर गाँधी स्मारक बना हुआ है, तो कहीं पर गाँधी संस्थान बना हुआ है, कहीं पर ट्रस्ट बने हुए हैं। डॉ. अम्बेडकर पर कितने स्मारक बने हुए हैं दिल्ली में ?

आज के जिस दौर में हम जी रहे हैं वहाँ दलितों के साथ उत्पीड़न अपेक्षाकृत कम हुआ है। अब वे नौकरी भी करने लगे हैं।

देखिए, आज जो दलित बाहर आये हैं वे अपनी पहचान छुपा कर आये हैं पहचान के साथ नहीं। आज बहुत सारी प्राइवेट कंपनियों में दलित नौकरी करते हैं, कोई वर्मा बना हुआ है, कोई शर्मा बना हुआ है। ये सारे अपनी रोज़ी-रोटी के मारे हैं, अपना घर बना रहे हैं, अपने बच्चों को पाल रहे हैं। अपनी गाड़ियाँ खरीद रहे हैं, महल बना रहे हैं। लेकिन यह सब अपनी पहचान छुपा के बना रहे हैं, जब एक बार पहचान छुप जाती है, तो वे बड़े आदमी बन जाते हैं। समाज से मिलना बंद कर देते हैं। उनको समाज से कब मिलने आना होता है, जब उनके बच्चों की शादियाँ नहीं हो रही होती हैं। तब न कोई वर्मा, शर्मा और न सिंह साथ देता है। उस वक़्त ये समाज की तरफ़ भागते हैं और तब बहुत देर हो चुकी होती है। तब समाज उनकी अवहेलना करता है कि तुम तो हमारे नहीं हो।

आप यह कहना चाह रहे हैं कि दलितों में भी एक नया वर्ग खड़ा हो रहा है।

नहीं, वह तो पहले से है। वह जो अपनी पहचान छुपा कर करते रहे हैं, लेकिन वे सफल कभी नहीं हुए हैं। पैसा कमा लिया है उन्होंने, अपनी इज़्ज़त नहीं कमाई है। सामाजिक प्रतिष्ठा उनको नहीं मिली, आखिर में जाकर वे टूट जाते हैं। ऐसे लोगों को मैं जानता हूँ कि जो आखिर में अकेले खड़े रहते हैं। यहाँ तक देखा है कि ऐसे लोगों के पास खूब पैसा है, जब घर में किसी के माता-पिता की मौत हो जाती है, तो उसको उठाने के लिए उन्हें चार आदमी नहीं मिलते हैं। ये स्थिति, अच्छी स्थिति नहीं गिनी जाती है, यह सामाजिक प्रतिष्ठा का सवाल है। लोगों को गिड़गिड़ाते हुए देखा है जब बच्चों की शादी के लिए घर से बाहर निकलते हैं कि कोई उनके बच्चों से शादी कर ले। समाज में पैसा काम नहीं आता। वहाँ पर, रुतबा, साख काम आती है, शादी-ब्याह का मामला ऐसा है कि पैसे से भी ज़्यादा साख पर ज़ोर दिया जाता है। सामाजिक प्रतिष्ठा उसकी कैसी है इसके ऊपर ज़ोर दिया जाता है। पैसे को वहाँ पर सैकेंडरी माना जाता है।

यहाँ पर एक अलग सवाल उठ रहा है कि यहाँ से जाने के बाद उनका जातिगत उत्पीड़न तो कम हुआ है, उन्होंने एक तरह से जातिबंधन तोड़ा ही है।

जातिबंधन उन्होंने नहीं तोड़ा है, वे तो यहाँ से छुप कर गये हैं। यहाँ से वे चोर रास्ते से गये हैं, सरनेम बदलकर गये हैं। जिस दिन वे लोग बतायेंगे, उस दिन पता चलेगा कि उत्पीड़न कम हुआ। मेरी कहानी 'मैं ब्राह्मण नहीं हूँ' पढ़कर देखिए, दोनों के रिश्ते इसी पर आधारित हैं। अचानक भेद खुल जाता है तो उस वक्त क्या स्थितियाँ होती हैं, यह देखने लायक है। दिल्ली में मुझे सूरजपाल चौहान ने एक किस्सा बताया था, उसने शायद बाद में कहानी भी लिखी थी। पड़ौस में रहते थे और अपने को पंजाबी खत्री बताते थे। लेकिन जब लड़की की शादी हुई, इस आदमी को पता भी नहीं था कि जिस दफ़्तर में वह काम करते हैं, उसका समधी भी वहीं पर काम करता है। शादी तो उसने बहुत बढ़िया की, बाहर होटल में जाकर की, खूब पैसे खर्च किए। दफ़्तर के लोग आए भीड़भाड़, हो गई शादी, समाज उसमें कहीं पर नहीं था। लेकिन अचानक एक दिन उसके पड़ौसी ने पूछ लिया कि आपकी बारात में जिसको देखा था वह आपके समधी हैं क्या? वो मेरे दफ़्तर में काम करते हैं। आप एससी हैं क्या? आप सोचिए ज़रा! इस वाकये ने उसे मकान बदलने को मजबूर कर दिया, उस पॉश कॉलोनी में मकान छोड़कर दूसरी जगह मकान खरीदा उसने। ये कोई छोटी-मोटी बात नहीं है। लोग दूर से देखने की कोशिश करते हैं। यह हमारी आर्थिक समस्या कतई नहीं है। हमें तो भूखे रहने की आदत है, जीवन तो चला लेंगे। हमारी समस्या सामाजिक है, सामाजिक प्रतिष्ठा का सवाल है। जब तक सामाजिक प्रतिष्ठा नहीं आयेगी, तब तक हमें इस देश के नागरिक कहलाने में शर्म आती है। आज भी राजस्थान में जाकर देखिए, सार्वजनिक स्थलों से दलित पानी नहीं ले सकते हैं। इसके लिए झगड़े होते हैं, प्रकृति की चीज़ों के लिए झगड़े होते हैं। तमिलनाडु में एक बच्ची साइकिल से स्कूल चली गई तो उसकी साइकिल छीन ली, उसकी चप्पलें उतरवा लीं।

आप जिस तरह की बात कह रहे हैं कि इस व्यवस्था ने दलितों को ठगा है। अब आप क्या विकल्प देंगे, जिस पर चलकर हम सफलता प्राप्त करें।

सवाल विकल्प का नहीं है, जो रास्ते बुद्ध और डॉ. अम्बेडकर ने हमें सुझाये थे, उन पर चलकर यह परिवर्तन आया। आज हम उन पर डिपेन्डेन्ट

नहीं हैं। हम अब इनडिपेन्डेन्ट होकर सोचना शुरू करें, तो हम मुक्त हो जाएँगे। उससे मुक्ति की ज़रूरत है। उस सोच से, उस मानसिकता से। आज हमने हरेक स्तर पर उनसे मुक्त होने की कोशिश की है, साहित्य से लेकर विचारधारा और तमाम चीज़ों में। सामाजिक संगठनों में, हम परिवर्तन की बात कर रहे हैं। ये हमारी स्वतंत्र सोच है, उनसे अलग। रास्ता है हमारे पास, इसलिए विकल्प की बात नहीं कर रहे हैं। हम तो रास्ते की बात कर रहे हैं। हमारा लक्ष्य है समाज में बदलाव लाना, लोगों की सोच में परिवर्तन लाना। आदमी को आदमी की तरह पहचानो, जाति से नहीं, ये हमारा विकल्प है। यह लड़ाई बहुत पुरानी लड़ाई है इसकी जड़ें ज़मीन में बहुत गहरे तक उतर गई हैं, उसे उखाड़ने में समय लगेगा। हमें उससे लड़ना है।

गाँव और शहर में दलित उत्पीड़न में अंतर आया है? क्या दलित गाँव के बाद शहर में आने पर कुछ आज़ादी महसूस करते हैं?

हाँ, गाँव से दलित शहर आया है तो निश्चित तौर पर उत्पीड़न में फ़र्क आया है। गाँव में तो पीढ़ियों से रह रहा है, वहाँ उसकी एक पहचान बनी हुई है। जब हम शहर में रहते हैं, तो हमें एक-दूसरे से कम मतलब होता है। लेकिन जब उनको पता चलता है कि दलित है, वह अकेला पड़ जाता है। अलग-थलग पड़ जाता है। वह आत्मनिर्भर है इसलिए वह शोषण का शिकार कम होता है। कम इसलिए होता है, क्योंकि वह किसी पर आश्रित नहीं है। जहाँ आप आश्रित होंगे, वहाँ शोषण ज़्यादा होगा। डॉ. अम्बेडकर ने यह कहा था कि हमारे गाँव जातिवाद के कारखाने हैं। इसलिए पंचायती राज चाहे जितनी भी बड़ी-बड़ी बातें करे, पंचायती राज दलितों के विरोध में है। दलितों का कोई पक्ष नहीं लेती है पंचायत। आरक्षण से पंचायत के सरपंच बनने लगे हैं, पहले तो नहीं बनने देते थे। अभी मेरी एक कहानी आई थी 'बंधुआ लोकतंत्र' उसमें यही दिखाया है कि एक सरपंच पद के लिए दलित खड़ा होता है। वहाँ पर सीट आरक्षित हो गई थी, जहाँ से पारंपरिक ढंग से प्रधान बनता आ रहा था, सरपंच बनता आ रहा था, आरक्षित सीट होने से नहीं बन पायेगा। सत्ता उसके हाथ से निकल रही है, उसके गुर्गे बोलते हैं कि ऐसे आदमी को बनाओ, जो हमारे ही हाथ में रहे। वे लोग ऐसे आदमी को ढूँढ़ लेते हैं। दूसरी तरफ़ एक ऐसा आदमी चुनाव में खड़ा हो जाता है जो जीत जायेगा। उसको पुराना सरपंच नहीं चाहता है। वह एक दाँव

खेलता है। जितने भी लोग उसमें पर्चे भरते हैं, उन्हें पर्चे वापस लेने को बाध्य किया जाता है, डरा-धमकाकर। मेम्बरों के पर्चे तो वापस करा लेता है लेकिन सरपंच का पर्चा वापस नहीं आता है, वह निर्विरोध चुनाव जीत जाता है। उसे उसके अधिकार नहीं दिये जाते हैं। चाबी-कुँजी पुराने वाले के पास ही है, वह दे ही नहीं रहा है। नया सरपंच भटक रहा है। शहर में जाकर कोशिश कर रहा है। ऊपर से यह हो गया कि उसको गाँव में काम मिलना बंद हो गया। उसकी घरवाली को भी काम मिलना बंद हो गया, अब तो तुम सरपंच हो गये हो। अब तुम्हें काम की क्या ज़रूरत है। कहानी में भी यही है।

आप से कुछ निजी सवाल, आपको कहाँ-कहाँ घूमना पसंद है?

देखिए, घूमना मेरी रुचि थी, अब थोड़ा कम हुआ है, अब समय नहीं है। लेकिन मुझे दो चीज़ें बहुत पसंद थीं, एक पुरानी ऐतिहासिक जगहों को देखना, दूसरा समुद्र मुझे बहुत पसंद था। बचपन से ही मैं समुद्र देखने को लालायित रहता था। मुझे जल्दी ही मौका मिल गया। मैं जब पहली बार इन्टरव्यू देने मुम्बई गया, जबलपुर में था, वहीं से गया था। जबलपुर के पहाड़, देहरादून के पहाड़ों से अलग तरह के हैं। जबलपुर के पहाड़ शोले फ़िल्म में दिखाये गये पहाड़ जैसे हैं, बड़े-बड़े पत्थर, उनका भी अलग आकर्षण है। जबलपुर में नर्मदा नदी बहुत खूबसूरत है, वहाँ का भेड़ाघाट बहुत ही खूबसूरत है। मुझे जब भी मौका मिलता था मैं भेड़ाघाट पहुँच जाता था। बोटिंग करता था, मैं बहुत अंदर तक जाता था। नदी के चारों तरफ़ संगमरमर के पहाड़ हैं, नदी समतल में से आ रही है और अचानक नीचे गिर जाती है। जबलपुर मुझे इसलिए पसंद आया कि नर्मदा की खूबसूरती देखने लायक, प्रकृति का अनमोल तोहफ़ा है। जब भी मुझे मौका मिलता था, मैं वहाँ जाता रहता था, छुट्टी के दिन, कुछ दोस्तों के साथ में वहाँ पर जाया करता था। इसी तरह समुद्र भी। जब मैं पहली बार मुम्बई गया था, इन्टरव्यू देने के लिए। जैसे ही मेरा इंटरव्यू खत्म हुआ, मुझे मालूम हो गया था कि मेरा चयन हो गया है। दोस्तों से कहा कि मुझे समुद्र देखने जाना चाहिए। उस दिन तो शाम हो गई थी, इन्टरव्यू देने तक। एक मित्र देहरादून का था, वहीं पर ट्रेनिंग में। वह हमें सुबह-सुबह लेकर चला ट्रेन में। सबसे पहले समुद्र किनारे ले गया था। मेरा मन नहीं हो रहा था, वहाँ से हटने का। मुझे समुद्र बहुत पसंद है। मुझे विदेश जाना बिलकुल अच्छा नहीं लगता है, जबकि तीन-चार मौके मिल चुके

हैं, मना कर चुका हूँ। सरकारी काम से मुझे चार महीने के लिए रूस जाना था, मैंने मना कर दिया। फिर विश्व हिन्दी सम्मेलन न्यूयॉर्क में मुझे अवॉर्ड दिया गया था। भारत सरकार का निमंत्रण मिला, मैंने मना कर दिया। अवॉर्ड डाक से मेरे घर आया था। एक मौका मुझे भारत सरकार की तरफ़ से जर्मन पुस्तक मेले में जाने का मिला था। तेरह लोगों का डेलिगेशन गया था भारत सरकार का, उसमें मुझे मौका मिला था। उसमें मेरा मन था जाने का, पुस्तक मेला है, लेकिन संयोग ऐसा हो गया कि मिसेज़ का पासपोर्ट लेट हो गया था और इस वजह से मैंने कैन्सिल कर दिया। यानी मुझे विदेश जाने की बहुत रुचि नहीं है, दूसरा मुझे धार्मिक स्थानों पर जाने की कोई रुचि नहीं है। दक्षिण भारत जाता हूँ मिसेज़ को लेकर गया हूँ, मैं मंदिरों के बाहर जाकर बैठा रहता हूँ।

बौद्ध स्थलों, स्तूपों आदि को देखने जाते हैं?

वहाँ तो शान्ति ही शान्ति है। वहाँ तो कोई पुजारी आपको दिखेगा ही नहीं, आप जाइये जो करना है कीजिए। भिक्षु भी होंगे तो इधर-उधर बैठे हुए होंगे। पूजागृह में जहाँ जाकर आपको पूजा करनी है, वहाँ कोई भिक्षु नहीं मिलेगा आपको। जब आप बुलायेंगे तब कोई भिक्षु आयेगा।

आप इसके अलावा कहाँ-कहाँ पर घूमने गये हैं?

मैं राजस्थान गया हूँ, जयपुर घूमा हूँ, वहाँ जितने भी किले हैं, मैंने देखे हैं। खूब घूमा हूँ, कई-कई बार गया हूँ जयपुर। जयपुर फ़ेस्टिवल में जाता हूँ, आमेर का किला भी देखा है। उदयपुर और चित्तौड़ भी घूमा हूँ। ऐतिहासिक जगहों पर घूमना मुझे बहुत पसंद है। उस समय कैसे लोग रहे होंगे—यह जानकारी मिलती है। मैंने इतिहास की किताबें खूब पढ़ी हैं, इसलिए मैं चीज़ों को कोरिलेट करता हूँ। एक चीज़ मुझे बहुत अखरी है, उदयपुर में जो गाइड था वह बार-बार कह रहा था कि उदयपुर कभी भी अंग्रेज़ों के अधीन नहीं रहा, मुगलों के अधीन नहीं रहा। मैंने देखा कि जो ज़नानखाना है महल का, उसमें कमरों के अंदर अंग्रेज़ों की फ़ोटो लगी हुई हैं। मैंने गाइड से पूछा कि अंग्रेज़ों के अधीन नहीं था, तब अंग्रेज़ यहाँ पर क्या कर रहे हैं वह भी ज़नानखाना में, कैसे लगी हुई हैं इनकी फ़ोटो? उसके पास कोई जवाब नहीं था। जितनी खूबसूरत मर्दाना जगह है, उतना ज़नानखाना नहीं है। ज़नानखाना के फ़र्श भी कच्चे हैं और ऐसा लगता है

कि जैसे किसी गाँव में आ गये हैं। यानी मुझे यह भेद वहाँ पर भी दिखाई दिया कि स्त्रियाँ किस तरह से रहती होंगी।

आप राजस्थान के इतने किलों-महलों में घूमे। क्या आपको लगता है कि किलों में सामंतवाद के निशान हैं?

किले सामंतवाद के प्रतीक हैं। सामंती सोच है जो आज भी वहाँ ज़िन्दा है। मैं आपको वही बता रहा हूँ। ये सारे किले बेगार से ही बने हुए हैं। ये लोग इतने अमीर नहीं थे, बेगार में बने हैं सारे। आज हमारे ज़माने तक बेगार रही है गाँव में। मैंने जूठन में बेगार का वर्णन किया है। गाँव में जब लोगों ने बेगार करने से मना किया था तो गाँव में बीच में आकर पुलिस ने पीटा था मुर्गा बना के, मेरी बस्ती के उन नौजवानों को, जो बेगार करने से मना कर रहे थे।

सही बात है और आपको अक्सर कहाँ पर जाना अच्छा लगता है?

मुझे जहाँ सबसे ज्यादा, और बार-बार जाना अच्छा लगता है, वे दो स्थान हैं—मुम्बई और जबलपुर। ये दोनों शहर इतने पसंद हैं कि हर बार जाने का मन करता है। जब भी मौका मिलता है मैं वह मौका नहीं छोड़ता हूँ। तीसरा शहर है मेरे लिए नागपुर। नागपुर में आकर्षण का कारण है दीक्षाभूमि, क्योंकि जब मैं चन्द्रपुर में रहा तो कभी ऐसा मौका नहीं छोड़ा जब मैं दीक्षाभूमि नहीं गया हूँ। यह आस्था का मामला नहीं है। वहाँ जाकर मुझे एक भरोसा मिलता है, एक विश्वास मेरे मन में पैदा होता है कि अभी हमारी उम्मीदें खत्म नहीं हुई हैं, अभी आगे बढ़ सकते हैं। नागपुर मेरे लिए एक महत्त्वपूर्ण शहर है। चन्द्रपुर में मुझे बहुत कुछ सीखने को मिला है, अगर मैं दलित आन्दोलन से गहराई से जुड़ा तो इन दोनों शहरों के कारण। नागपुर और चन्द्रपुर के लोगों का बेइन्तहा प्यार मुझे मिला। अभी कल परसों एक असिस्टेंट प्रोफ़ेसर का फ़ोन आया, नागपुर के पास एक गोंडवाना विश्वविद्यालय है, वहाँ से। वह चन्द्रपुर की रहने वाली थी। कहने लगीं, ''आपका नंबर किसी मित्र से ढूँढ़ के निकलवाया। जब मैंने आपकी जूठन पढ़ी थी तो मुझे लगा आप चन्द्रपुर के रहने वाले हैं।'' मैंने कहा, ''मैं रहने वाला तो पश्चिमी उत्तर प्रदेश का हूँ और चन्द्रपुर को अपना शहर मानता हूँ। यहाँ पर मैंने तेरह साल गुज़ारे हैं, इतनी खुशी के साथ। मैंने उस शहर में खूब इन्जॉय किया था। आदिवासी क्षेत्र में, उस शहर में, गाँव-गाँव घूमा हूँ, जंगलों में भी घूमा हूँ। मेरे इतने मित्र हैं उस इलाके में जितने किसी और जगह नहीं।'' वह

मुझसे पूछती हैं, ''मैं आपसे कुछ माँगूँ तो देंगे? मैं चन्द्रपुर की हूँ और वहीं पर पढ़ी हूँ। आप जिस समय यहाँ थे, उस समय मैं बहुत छोटी थी।'' मैंने कहा कि ठीक है बताइये? उन्होंने कहा कि मैं वहाँ पर सिलेबस की कमेटी में हूँ। आप मुझे परमिशन दीजिए मैं आपकी *जूठन* और कविताएँ कोर्स में लगाना चाहती हूँ। मैंने कहा कि आपको अनुमति की ज़रूरत नहीं है, चन्द्रपुर के लिए खुली छूट है। नागपुर और चन्द्रपुर के बीच लगभग 100 किलोमीटर का फ़ासला है, फिर भी दोनों शहर, आज भी मेरी धड़कनों में ज़िन्दा हैं।

अभी आप देहरादून में रहते हैं। क्या यहाँ पर कुछ अलग तरह के अनुभव हुए?

अलग अनुभव यह कि देहरादून में मेरे परिवार के लोग नौकरी करते थे, मैं पढ़ने के लिए वहाँ पर आ गया था। जब पढ़ने के लिए आया, तब शुरू के दो साल वहाँ पर रहा, इसके बाद मैं जबलपुर चला गया था। जबलपुर से फिर मुम्बई चला गया। दो साल जबलपुर में और दो साल मुम्बई में रहा। मुम्बई से जब मुझे नौकरी मिली तो चन्द्रपुर में मिली थी, वहाँ पर तेरह साल गुज़ारे। शादी मेरी देहरादून की लड़की से हो गई थी। यहाँ की लड़की से शादी होने के कारण देहरादून से मेरा एक और जुड़ाव हो गया। बाद में हमने यहीं ट्रांसफ़र भी करवा लिया। देहरादून से जुड़ाव तो अलग तरह का है, यहाँ मेरी पढ़ाई भी हुई थी। मैं यहाँ डीएवी कॉलेज से पढ़ा हूँ। इसी कॉलेज से मैंने एम.ए. भी किया। देहरादून में एक अलग तरह का आकर्षण है। उस ज़माने में यह बहुत खूबसूरत शहर हुआ करता था, अब तो इतनी भीड़-भाड़ हो गई है, वहाँ पर अब चलना-फिरना भी मुश्किल हो गया है सड़कों पर। देहरादून के पास ही एक बहुत खूबसूरत जगह है, मसूरी। हिमालय का आकर्षण एक अलग तरह का आकर्षण है क्योंकि मैं वहाँ रहता हूँ तो ये नहीं कह सकता हूँ कि वहाँ की जगह बहुत खूबसूरत है। मैं सुबह सो के उठता हूँ और अपनी छत पर जाता हूँ, मेरे घर के पीछे साल के पेड़ों का जंगल है। घर के पीछे से पहाड़ी शुरू हो जाती है और मेरे घर के सामने से एक बरसाती नदी जा रही है। मैंने नदी के किनारे पर घर लिया है। बरसात में वह नदी ऊपर तक आ जाती है तब बहुत अच्छा लगता है। मैं अपनी छत पर खड़ा होकर नदी को देखता रहता हूँ। मेरी जीविका भी यहीं से शुरू हुई, मेरी पत्नी भी यहीं की है, यह तो मेरे घर जैसा हो गया है।

आपका कोई शौक?

एक तो मुझे शुरू से पढ़ने-लिखने का शौक रहा है। किसी ज़माने में टेबल-टेनिस खेलता था। अच्छा प्लेयर था। हॉकी भी सीखी लेकिन इसमें चोट वगैरह लगने का डर था, इसलिए छोड़ दिया था। शतरंज बहुत अच्छा खेलता था एक ज़माने में, लेकिन जब से 'शतरंज के खिलाड़ी' कहानी पढ़ी, तब से उठा के एक तरफ़ फेंक दिया। उसके बाद, मेरे कुछ टिपिकल शौक हैं। मुझे क्रिकेट मैच देखना अच्छा लगता है, सारे मैच नहीं देखता हूँ। एक ज़माना था जब गावस्कर खेल रहा होता था तो उसी को देखता था मैं, बाद में जब सचिन आ गया तो जब तक वो आउट नहीं हो जाता तब तक देखता। लेकिन सचिन के अलावा मैं नहीं कह सकता हूँ कि मुझे कौन पसंद है। फिर बता नहीं सकते कि विराट कोहली पसंद आयेगा या कौन। लेकिन मैं देखता हूँ क्रिकेट का मैच। मुझे क्रिकेट पसंद नहीं है। समय खाने वाला है, पूरा-पूरा दिन बर्बाद कर देता है। लेकिन कुछ थोड़े से खिलाड़ी हैं जिनको मैं यह मानता हूँ कि इन्होंने संघर्ष करके अपने आपको खड़ा किया है और एक हौसले के साथ खड़ा किया है। मुझे तीन-चार खिलाड़ियों की ज़िद बहुत पसंद आई जैसे कपिल देव है, गावस्कर, सचिन। इनकी ज़िद ने इनको बड़ा बनाया है। तो मुझे लगता है इनसे कुछ सीखने को भी मिलता है, एक प्रेरणा भी मिलती है। इतना ही देखता हूँ क्रिकेट, मुझे इतना ही पसंद है। एक ज़माने में मुझे कुश्ती देखने का बड़ा शौक था, मैं अखाड़े में कुश्ती लड़ते देखने जाता था। ये बहुत छोटे-छोटे शौक थे। मुझे बहुत समय मिला नहीं शौक पूरा करने का। जीवन के संघर्ष में वह सब डूब गया लेकिन फिर साहित्य में आ गये, तो साहित्यिक चीज़ों का शौक तो है ही। साहित्य के कवि सम्मेलन भी सुने हैं, नाटक भी देखे हैं। नाटक तो मैंने बहुत लम्बे समय तक किये भी हैं। सेमिनार में बैठ के लोगों को सुनना मुझे बहुत अच्छा लगता है। बहस करना मुझे बहुत पसंद है, कभी-कभी बहस तीखी भी हो जाती है। लेकिन उस तीखेपन के साथ मैं कहीं पर पूर्वाग्रह पाल कर नहीं रखता हूँ। अपने विचारों का सम्मान करता हूँ, तो सामने वाले के विचारों का भी सम्मान करता हूँ। किसी के साथ कोई ज़बरदस्ती नहीं की तुम यह मानो ही मानो। मुझे बुद्ध के दर्शन की वो चीज़ पसंद आती है कि कोई ज़बरदस्ती नहीं है, तुम्हारा विवेक जो कहे उसे स्वीकार करो।

लोगों से मिलना-जुलना?

लोगों से मिलना-जुलना बहुत पसंद है। मैं अलग-अलग तरह के लोगों से मिलता हूँ। मुझे समय लगता है किसी से दोस्ती करने में, लेकिन जब एक बार दोस्ती हो जाती है तो बहुत लम्बी चलती है। अपनी तरफ़ से मैं दोस्ती कभी नहीं तोड़ता, उधर से ही टूट जाए तो टूट जाए। इधर मैं लगातार कोशिश करता रहता हूँ कि हो सकता है कि कोई गलतफ़हमी हो गई हो, दोस्ती टूटने की। मेरी लम्बी-लम्बी दोस्तियाँ हैं। बचपन की आज तक, वे दोस्त मेरे साथ हर समय खड़े दिखाई देते हैं। जूठन में नाम है रामसिंह और सुक्खनसिंह। जब मेरा गंगाराम अस्पताल में ऑपरेशन हुआ, तो कई-कई दिनों तक यहाँ रुक कर गये हैं। रिश्ते बनाने में बहुत विश्वास है मेरा, जब मेरे रिश्ते किसी से बन जाते हैं तो मैं उन्हें लम्बे समय तक खींच कर ले जाता हूँ। अगर कभी गलतफ़हमी हो गई तो मैं कोशिश करता हूँ कि वापस आ जायें। लेकिन एक चीज़ मैं ज़रूर देखता हूँ, अगर कोई आदमी वाकई खतरनाक किस्म का है, उसका गलत व्यवहार है तो मैं उसे भूल जाता हूँ। उसके खिलाफ़ कुछ नहीं कहता। मैं याद करता हूँ कि कुछ समय हमने बहुत प्यार से गुज़ारा था, उसे याद करता हूँ मैं। बुरे को याद नहीं करता हूँ। मैं यह मानकर चलता हूँ कि हो सकता है कि उसकी कोई मजबूरी रही होगी। मुझे दोस्ती करना बहुत पसंद है और मैं जाति को देखकर दोस्ती नहीं करता हूँ। मैं लड़ूँगा, झगड़ा करूँगा जाति के सवालों को लेकर, गुस्से में भी आ जाता हूँ। इरिटेट भी हो जाता हूँ लेकिन नहीं, दोस्ती करते समय मैं जाति नहीं देखता। इसलिए मेरे दोस्तों की संख्या कम नहीं है ग़ैरदलितों से।

खान-पान किस तरह का पसंद है?

खाने-पीने में तो मैं बिलकुल शूद्र व्यक्ति हूँ? मांसाहारी खाना मुझे बहुत पसंद है। अब तो बीमार हो गया हूँ, आगे खा पाऊँगा कि नहीं, यह कह नहीं सकता। बीमारी से बाहर आने के बाद भी नॉनवेज मुझे बेहद पसंद रहेगा। नॉनवेज में सब कुछ खा लेता हूँ, लेकिन एक चीज़ मैं नहीं खाता हूँ, बीफ़। बीफ़ न खाने के पीछे मेरा कोई धार्मिक कारण नहीं है। सिर्फ़ इतना ही है कि मेरे परिवार में नहीं खाया जाता था। उसको छोड़कर जो भी आता है, मैं खा लेता हूँ। मेरे लिए कोई बंधन नहीं है।

आप स्वयं पकाते हैं?

हाँ, मेरी पत्नी नहीं पकाती हैं, उनको अच्छा नहीं लगता है। वह कच्चे मीट को हाथ नहीं लगा सकती। कच्चा मीट देख नहीं सकती हैं, खाती भी हैं तो थोड़ा-सा खाती हैं। बनाता मैं ही हूँ। जब भी कोई मेहमान आ जाता है तब भी मैं ही बनाता हूँ।

आप क्या-क्या पका लेते हैं?

काफ़ी कुछ बना लेता हूँ जैसे चिकन, मटन, फ़िश। फ़िश तो मैं बहुत अच्छी बनाता हूँ। कभी मौका मिलेगा तो आपको भी खिलाऊँगा। फ़िश मुझे पसंद है, मिसेज़ को भी पसंद है—रोहू ज्यादा पसंद है। मैं तो सब तरह की फ़िश खा लेता हूँ, मुझे कांटे वाली फ़िश बहुत पसंद है। जिसमें ज्यादा कांटे होते हैं, वह बहुत टेस्टी होती है। मिसेज़ को ज्यादा कांटे वाली पसंद नहीं है। मैंने जब उनको खाना सिखाया था, तब शायद रोहू से ही शुरुआत की थी, इसलिए रोहू उन्हें ज्यादा पसंद है। समुद्री मछलियाँ मुझे बहुत पसंद हैं।

मुझे किसी के घर का खाने में कोई ऐतराज़ नहीं है। अक्सर मेरे दोस्त लोग फ़ैक्टरी के अंदर मुझसे नाराज़ होते थे। जब वर्कर लंच कर रहे होते हैं, तो वे अक्सर ज़मीन पर बैठकर ही खाते हैं। यदि मैं वहाँ से निकल रहा हूँ, किसी वर्कर ने मुझसे कह दिया, आइये सर खाना लीजिए। मुझे कोई भेदभाव नहीं है खाने में, मैं किसी एक से रोटी का एक निवाला लेता, उसको दाल या सब्ज़ी में लगाता और मुँह में रख लेता। मेरे दोस्त लोग इस बात से नाराज़ रहते थे, उनको बहुत बुरा लगता था कि ये क्या तरीका है? मैंने कहा, ''देहाती व्यक्ति हूँ, मुझे कोई ऐतराज़ नहीं और इसने इतने प्यार से कहा है, तो मैंने उसका सम्मान किया है। मैं मर नहीं जाऊँगा, इसका झूठा खाने से।'' ये चीज़ मेरे वर्कर बहुत अच्छी तरह से समझते थे कि साहब बहुत खुले दिल के हैं। वे लोग मेरा सम्मान करते थे। ऐसा कितनी ही बार हुआ है कि मेरे साथ के लोग इस बात से नाराज़ हुए। लेकिन होते रहें इस बात की मुझे कोई परवाह नहीं। ये मेरे जीवन का एक खास पहलू है और दूसरा मैं कभी ऑफ़िसर कॉलोनी में मकान लेकर नहीं रहा। हमेशा वर्कर्स के बीच में रहा हूँ। मेरे ऊपर दबाव आता रहा कि यहाँ से शिफ़्ट करो, शिफ़्ट करो। जब मैं क्लास वन अधिकारी बन गया, तो भी वर्कर्स के बीच में ही रहा। उसका मुझे रिवार्ड भी मिला है। मेरी पत्नी घर में थी, मैं उस दिन किसी

डेथ केस में हरिद्वार गया हुआ था। देहरादून की बात है यह। एक दिन तीन बजे के आस-पास जब ये टीवी देख रही थीं और दरवाज़े की कुंडी अंदर से बंद थी। अचानक इनको स्पोंडेलाइटिस का अटैक आ गया। ये बाथरूम के लिए जाने को उठना चाह रही थीं, उठ नहीं पाईं। जब परेशान हुईं तो चिल्लाना शुरू कर दिया। ये उठ नहीं पा रही थीं, नीचे का हिस्सा काम नहीं कर रहा था। उस समय उन्होंने सुना कि घर की ऊपर वाली मंज़िल पर महिला बच्चों को डाँट रही है। इन्होंने उसे खिड़की से ही आवाज़ दी, उनका लड़का जो डाँट खा रहा था, उसने सुना कि चंदा आंटी की आवाज़ आ रही है, लड़के ने अपनी माँ से कहा कि वे आपको बुला रही हैं। वह महिला जब दरवाज़े पर आई तो दरवाज़ा तो अंदर से बंद था। वे दरवाज़े को पीटने लगी। चंदा ने अंदर से आवाज़ लगाई, ''मीनाक्षी मुझे बचाओ...मीनाक्षी मुझे बचाओ...।'' तब मीनाक्षी ने बाहर रोना शुरू कर दिया क्योंकि दरवाज़ा ही नहीं खुल रहा था। हल्ला सुनकर आस-पड़ौस की महिलाएँ इकट्ठी हो गईं। वहाँ आस-पास में सारे वर्कर्स और कुछ स्टाफ़ के सदस्य थे। औरतें जब इकट्ठी हो गईं, तो ये लगा कि शायद बालकनी का दरवाज़ा खुला हुआ है। बालकनी का दरवाज़ा भिड़ा हुआ था लेकिन कुंडी नहीं लगी थी। एक लड़के को किसी तरह ऊपर चढ़ाया। उसने दरवाज़े को हाथ लगाया तो दरवाज़ा खुल गया। उसने पूछा कि आंटी क्या हुआ। चंदा ने कहा, ''पहले तुम बाहर का दरवाज़ा खोलो, उनको आने दो, जो बाहर खड़ी हैं।'' इनका दिमाग उस वक्त भी काम कर रहा था। सबसे पहले इन्होंने कहा, ''मुझे बाथरूम जाना है, मैं उठ नहीं पा रही हूँ।'' मेरे घर के सामने वाली पड़ौसन एक पॉट लेकर आई और इनको पेशाब करवाया गया। उसने पूछा कि बोलो क्या बात है तो इन्होंने बताया कि मेरे शरीर का नीचे का हिस्सा काम नहीं कर रहा है, मैं उठ नहीं पा रही हूँ। उन्होंने एम्बुलेंस बुला के इन्हें पहले माले से कैसे उतारा था मालूम नहीं, पर उतार के लाईं। वहाँ पर उस वक्त कोई पुरुष नहीं था क्योंकि वह ड्यूटी का समय था। स्त्रियाँ चंदा को लेकर अस्पताल गईं, वहाँ पर एडमिट करवाया। उसके बाद मुझे मेरी पड़ौसिन ने फ़ोन किया, ''सर, मिसेज़ वाल्मीकि की तबीयत खराब है, आप कहाँ पर हैं इस समय।''

मैंने कहा, ''मैं वापस आ रहा हूँ देहरादून, बस में हूँ।'' उसने कहा कि आप सीधे अस्पताल आना, घर मत जाना। जब मैं देहरादून के बॉर्डर पर पहुँचा, तब मेरे एक मित्र का फ़ोन आया, शिवबाबू मिश्र का कि कहा पहुँच चुके हो?

मैंने कहा कि मैं देहरादून में घुस चुका हूँ। मित्र ने कहा कि ऐसा करो आराम से आओ। वह ठीक हैं, मैं हूँ यहाँ पर, घबराने की कोई बात नहीं है। मुझे लगा कि मिश्र जी वहाँ पर हैं, मेरी चिन्ता कम हुई। मैंने वहाँ से श्रीव्हीलर किया और सीधा अस्पताल आया। वहाँ आकर देखा तो साठ-सत्तर लोग खड़े हुए हैं और वर्कर्स भी थे। ये जो भरोसा मुझे मिला उनके बीच में रहकर, वह मेरे लिए हमेशा प्रेरणादायक रहा है। डॉक्टर, चंदा के पास खड़े हुए हैं, शिवबाबू मिश्र भी वहीं थे। मैंने चंदा से पूछा कि क्या हुआ ? डॉक्टरों को वास्तव में समझ में नहीं आ रहा था कि क्या हो गया है। मैंने कहा कि कुछ नहीं इनको स्पोंडेलाइटिस का अटैक आया था। वहाँ पर सुविधा नहीं थी। फिर मैंने इनको बड़े अस्पताल में शिफ़्ट किया और ये आंधे घंटे में नॉर्मल हो गयीं।

उस रोज़ वर्कर्स की महिलाओं ने साथ दिया, ऐसी स्थिति में। यदि मैं ऑफ़िसर कालोनी में रहता तो ऐसा नहीं होता क्योंकि वहाँ पर लोग दूर-दूर रहते हैं। मैं हमेशा अपने लोगों के बीच में रहा हूँ और ये मेरे जीवन का बहुत बड़ा फ़ेज है। दूसरा एक केस उससे पहले का है। हमारा स्कूटर से एक्सीडेंट हुआ था। ये पीछे बैठी हुई थीं, मेरे तो सिर्फ अँगूठे पर चोट आई थी हैलमेट पहना हुआ था, मैं बच गया था। इनको दो फ्रेक्चर हुए, जिनमें एक रीढ़ की हड्डी में था। एक कार वाले ने रोककर कहा, ‘‘भाई साहब पहले इनको देखो। इनको अस्पताल लेकर जाओ।’’ उसने गाड़ी साइड में लगाई और बोला कि मेरी गाड़ी में बैठाओ। हम दोनों ने पकड़ के इनको पीछे की सीट पर बैठाया। ये घबरा गईं। ये नहीं बता रही थीं कि चोट कहाँ पर लगी है। बार-बार पूछ रही थीं कि हम कहाँ हैं, हम कहाँ हैं। मैं बोला कि कहीं पर नहीं, तुम ठीक हो, मैंने स्कूटर वहीं साइड में लगा दिया। इनको हम दून अस्पताल लेके गये, वहाँ जाकर भी ये वैसा ही व्यवहार कर रही थीं। डॉक्टर बोला कि मुझे लगता है कि सिर में चोट आई है। आप पहले सीटी स्कैन करवाइये। इनको सीटी स्कैन कराने के लिए श्रीव्हीलर में बैठा के ले गया, कार वाला तो चला गया था। अस्पताल से दो कर्मचारी साथ में आये थे। जब मैं वहाँ आ गया, सीटी स्कैन कराने के लिए तो मेरी जेब में पैसे ही नहीं थे, तब मैंने शिवबाबू मिश्र को फ़ोन कर दिया था। उतने पैसे नहीं हैं कि सीटी स्कैन की रसीद कटा सकूँ, वह 2500 रुपये माँग रहा था। सुभाष चन्द्र कुशवाह (कहानीकार), वह उस समय देहरादून में आरटीओ थे, मैंने उनको फ़ोन किया। वे पैसे लेकर आ गये, दस हज़ार की गड्डी मेरे हाथ

में थमाई कि रखो। उन्होंने डॉक्टर को बहुत डाँटा था। आप पैसे के लिए रुके हुए हैं! आपको पता नहीं है कि ये कौन हैं? हिन्दी के लेखक हैं। मैंने बताया कि डॉक्टर साहब आपके ये कर्मचारी बोले, जब तक पैसे जमा नहीं करेंगे, तब तक ये सीटी स्कैन नहीं करेंगे। मैंने कहा कि मेरे दोस्त लोग आ रहे हैं, तब ये हो गया। उसके बाद इनको प्लास्टर वगैरह चढ़ गया था। उस वक्त जब इनको प्लास्टर चढ़ा हुआ था, मेरे घर में कैसे सफ़ाई हो रही है, कैसे बर्तन मंज रहे हैं, कैसे खाना बन रहा है, मुझे नहीं मालूम। सारे काम आस-पड़ोस की महिलाएँ कर रही थीं और वे कोई मेरी जात-बिरादरी की नहीं थीं। यहाँ अस्पताल में भी ऐसा ही हुआ। मेरी जात-बिरादरी के लोग नहीं थे, बाकी सब थे। सबने आकर घर परिवार की तरह देखभाल की। एक रोज़ मैं छुट्टी पर था, मेरे भी हाथ पर चोट लगी थी। यह मेरे जीवन का बहुत खराब समय था, मुझे मेरे ऑफ़िस में भी दिक्कत हो रही थी और घर में भी। एक महिला आई और बोलीं, ''भाई साहब, आपने मुझे आवाज़ क्यों नहीं दी, ये आप क्या कर रहे हैं?''

मैंने कहा, ''मैं इनके लिए चाय बना रहा हूँ।''

''भाई साहब आप बैठिये मैं बनाती हूँ।'' उसने चाय बनाई, बर्तन माँज के गई। फिर मुझसे पूछा कि चावल-सब्ज़ी बना दूँ? मैंने कहा कि सब्ज़ी बना दो, चावल मैं बना दूँगा। वह सब्जी बना के गई, अपने घर के काम को छोड़कर यहाँ पर काम कर रही थी। इस तरह से मुझे हमेशा ऐसे लोगों से मदद मिली है। ये मेरे जीवन के कठिन अनुभव हैं। ऐसा एक बार नहीं मेरे साथ कई बार हुआ है। अभी यहाँ गंगाराम अस्पताल में भी मुझे यही सब देखने को मिला। मैं अपनी कास्ट के लिए, दलित वर्ग के लिए फ़ाइट करता हूँ। लेकिन सामने वाला मुझसे नाराज़ नहीं है। सारे लोगों ने मदद की है मेरी। डॉ. पल्लव तो मेरी जात के नहीं हैं, नमिता गोखले मेरी जात की नहीं हैं, अशोक वाजपेयी मेरी जात के नहीं हैं, इन लोगों ने मेरी मदद की है। इसलिए मुझे ऐसा लगता है कि ये लोग मुझे समझ रहे हैं। हमारी जो लड़ाई है वह अलग तरह की लड़ाई है, वह लड़ाई किसी से व्यक्तिगत नहीं है।

आप अभी चंदा जी के बारे में बता रहे थे, कुछ और अनुभव बतायें?

पहली बात तो उनके बारे में यह है कि जब मेरी शादी हुई तो परिवार ने कोई विरोध नहीं किया। ये शादी अरेंज्ड भी है और लव मैरिज भी है। मतलब,

मेरी माँ को चंदा पसंद थी, मेरे पसंद करने से पहले। मेरे भाई लोगों ने कभी विरोध नहीं किया, पिताजी ने कभी विरोध नहीं किया। जब प्रपोज़ल आया तो 'हाँ' हो गई। 'हाँ' होने के बाद शादी की रीतियों को लेकर पिताजी से थोड़े मतभेद हुए थे। मैंने कहा कि मैं उन रीति-रिवाजों से शादी नहीं करूँगा। खासतौर पर जो पारिवारिक पूजा थीं, उसके लिए मेरा विरोध था कि मैं बचपन से उन पूजा में शामिल नहीं हुआ था तो अब शादी के समय भी नहीं करूँगा। आपको करना है तो मेरे जाने के बाद कर लेना। मैं दो चार-दिनों के बाद वापस अपने काम पर चला जाऊँगा। इस बात को लेकर पिताजी से थोड़ा मतभेद रहा। कुछ चीज़ों को मैंने तोड़ा, जैसे पर्दा सिस्टम। पर्दा सिस्टम हमारे परिवार में खत्म करने के लिए मैंने ही शुरुआत की थी। मैं हमेशा अपने बचपन से जानता हूँ, पिताजी मेरी भाभियों की आवाज़ तक नहीं पहचानते थे, चेहरे को पहचानना तो दूर की बात है। ये मुझे बहुत बुरा लगता था। मैंने पहले ही दिन से घर में इनको बोला कि तुमने अगर यहाँ पर पर्दा किया तो चन्द्रपुर में भी तुम पर्दा करोगी। ये तो थियेटर करती थीं, एनसीसी करती थीं। एनसीसी की सार्जेन्ट रही हैं। दो बार उत्तर प्रदेश की ओर से, 26 जनवरी पर गणतन्त्र दिवस परेड में शामिल हुई हैं। इन्होंने कहा, ''मैं पर्दा करना नहीं चाहती।'' मैंने कहा कि अब पर्दा नहीं करोगी तुम, कोई कुछ भी कहता रहे बाकी तुम मेरे ऊपर छोड़ दो। पहले ही दिन, जब हम घर गये, पिताजी बाहर बैठक में बैठे हुए थे। शाम का खाना इन्हीं को बोला कि लेकर जाओ, पिताजी वहीं बैठ कर खाना खाते थे। ये जब खाना लेकर गई, पिताजी की पसंद की चीज़ मछली बनवाई थी। इन्होंने कहा, ''पिताजी खाना ले लो।'' वे बैठ के हुक्का गुड़गुड़ा रहे थे, उन्होंने सुना, ये तो नयी आवाज़ है। ज़रा-सा मुड़ के पीछे देखा, अरे! ये तो नयी बहू खड़ी है। पहला वाक्य निकला, ''बाकी लोग मर गये हैं क्या?'' मैं थोड़े-से फ़ासले पर खड़ा था, जहाँ ज़नाना और मर्दाना होता है उसके बीच में दरवाज़ा होता है एक। उस दरवाज़े के पास मैं खड़ा हुआ था। मैंने कहा, ''ये लेकर आ गई हैं तो कोई गुनाह हो गया है क्या? ले लीजिए, खाना खिला रही हैं आपको।'' उन्होंने कहा कि रख दो। चारपाई पर रख दिया। उसके बाद मैं वहीं खड़ा रहा, इनको इशारा किया कि बीच में आकर एक बार पूछ लेना। कुछ और लाऊँ? हो गया पहले ही दिन, पिताजी कुछ नहीं बोले उसके बाद। घर के अंदर तो तूफ़ान मचा हुआ है कि अभी तो हंगामा होने वाला है। सबसे ज़्यादा हमारी बड़ी भाभी डरी हुई थीं। माँ तो अंदर जाकर बैठ

गई कि अब तुम निपटो, मुझे बीच में मत डालना। पिताजी बहुत गुस्से वाले थे, लेकिन कुछ नहीं हुआ। मैंने इनसे बोला कि तुमने एक स्टेप जीत लिया है। अब तुम देखना उनका तुम्हारी तरफ़ झुकाव होगा और वही हुआ। जब ये दुबारा पूछने गईं, 'पिताजी और क्या लाऊँ' तो कहने लगे, ''ये मच्छी किसने बनाई?'' चंदा जी ने कहा कि इन्होंने बनाई है। तो कहने लगे कि अच्छा, ओमप्रकाश को मच्छी बनाना आता है। वे खुश हो गये। उनको मछली खाना पसंद था। गर्मी के दिनों में हमारे यहाँ पर रोज़ मच्छी बनती थी। तालाब सूखने लगते हैं गर्मी के दिनों में लेकिन पिताजी सुबह-सुबह जाते थे और मच्छी ले आते थे। उसके बाद जब दुल्हन घर में पहली बार आती है तो दूल्हा-दुल्हन को गाँव की औरतों के साथ, माता के मन्दिर में जाना होता है। मैंने कहा, ''मेरी माँ तो घर में बैठी हुई हैं मुझे तो कहीं पर नहीं जाना, यहाँ जो करना है कर लो मैं तैयार हूँ।'' इसको लेकर घर में डेढ़-दो घंटे तक तूफ़ान मचा रहा। पिताजी ने हस्तक्षेप नहीं किया, लेकिन माँ और भाभियाँ सब मेरे पीछे पड़ गईं। चंदा कहने लगी, ''चलो ना थोड़ी देर के लिए।''

मैंने कहा, ''तुम सब रहने दो, मैं जानबूझकर यह कर रहा हूँ। मैं सोच समझकर कर रहा हूँ। तुम जाओ, इनके साथ, तुम्हें जाना है तो। देखना अब एक दूसरी कहानी शुरू होगी जब ये तुमसे घूँघट करवायेंगी।'' अकेली को लेकर जाने लगीं मोहल्ले की सारी औरतें और ये घूँघट नहीं कर रही थीं। फिर घर में माँ, भाभियाँ बोलने लगीं कि घूँघट नहीं कर रही है बहू। मैंने कहा, ''मैंने मना किया है घूँघट नहीं करना। जब पिताजी से घूँघट नहीं हुआ तो किसी से घूँघट नहीं होगा।'' पूरे गाँव में चर्चा का विषय बन गया कि ओमप्रकाश की दुल्हन आई और घूँघट नहीं किया। मेरे क्लासमेट, जो उस समय खेती-बाड़ी में लगे हुए थे, बाहर नहीं गये थे। वे तक आकर मुझसे शिकायत कर रहे थे कि तुम गाँव का माहौल क्यों बिगाड़ रहे हो? मैंने कहा, ''तुम सँभालो गाँव को, मुझे अपने ढंग से जीने दो। वह घूँघट नहीं करेंगी।'' और उस दिन से मैंने अपने परिवार में पर्दा सिस्टम खत्म कर दिया। आज हमारे घरों में कोई बहू घूँघट नहीं करती है। किसी से भी नहीं करती है और साथ बैठ कर खाना खाती है। सारी बहुओं के लिए वैसा ही बना दिया कि जो भी बहू आयेगी कोई पर्दा नहीं करेगी। इसकी शुरुआत चंदा से हुई थी। सारे परिवार के लोग एक साथ बैठकर खाना खाते हैं। जब गाँव जाते हैं तब भी ऐसा ही होता है। एक दिन मैं ऐसे समय पहुँच गया जब

घर में कोई नहीं था। हमारे भतीजे की बहू थी और दो बच्चे थे। मैंने आवाज़ दी तो कोई नहीं आया, छोटा बच्चा आया, ''दादाजी-दादाजी घर में कोई नहीं है।''

मैंने कहा, ''माँ कहाँ है तुम्हारी, उसे बुलाओ।'' और वो आने में हिचकिचा रही थी, वहीं से खड़ी रहकर बात कर रही थी। ''चाचा जी, वो अभी आ जायेंगे थोड़ी देर में, कहीं काम पर गये हैं। पानी भेज देती हूँ और चाय बनाऊँ अभी।''

मैंने कहा, ''अभी रहने दो।'' तो बोली कि अच्छा फिर मैं खाना बनाती हूँ और खाना बनाने लगी। इतनी देर में मेरा भतीजा आ गया, ''अरे! क्या बना रही हो?'' तो बोली कि फलाँ सब्ज़ी बना रही हूँ। उसने कुछ कहा नहीं, फिर उसने फटाफट चिकन बना दिया। मतलब हमने परिवार में यह सिस्टम खत्म कर दिया है, बिलकुल खत्म कर दिया और यह बड़ा बदलाव हुआ है। चंदा जब चन्द्रपुर में रही, वहाँ माहौल अलग था, वहाँ कोई दिक्कत नहीं थी। वहाँ पर इन्होंने थियेटर भी किये हैं। ये मेरे जीवन के महत्त्वपूर्ण कदम हैं जो मैंने लिये थे, अपने परिवार से शुरू किये थे।

एक घटना और हुई जब हम चन्द्रपुर पहुँच गये, इनके साथ, उसको भी तोड़ा मैंने। ये जब वहाँ चन्द्रपुर पहुँचीं तो वहाँ एक ईसाई परिवार से दोस्ती हुई थी, वह परिवार इनसे मिलने के लिए आया। उन्होंने अगले दिन का निमंत्रण दिया कि डिनर पर हमारे यहाँ पर आइये, तब उस समय तो ये कुछ बोली नहीं और 'हाँ' कर दी कि आयेंगे। जब सुबह मैं ड्यूटी जाने लगा तब ये अचानक बोलती हैं कि शाम को उनके घर जाना है क्या? मैंने बोला कि हाँ, हाँ जाना है। मेरे बहुत अच्छे मित्र हैं और पति-पत्नी दोनों मित्र हैं। दोनों टीचर थे। मैंने कहा, ''दोनों मेरे अच्छे मित्र हैं और एक प्यारी-सी बच्ची है उनके यहाँ पर। वह तो तुम्हें देखते ही खुश हो जाएगी।''

उसके बाद चंदा ने कहा कि वे तो ईसाई हैं। मैंने कहा, ''ईसाई हैं तो क्या हुआ?''

इन्होंने कहा, ''वे नॉनवेज बनायेंगे।''

मैंने कहा, ''हाँ बनायेंगे, बिलकुल बनेगा।''

कहने लगीं, ''मैं तो नॉनवेज खाना नहीं खाऊँगी।''

मैंने कहा, ''तुम्हारे लिये दाल-सब्ज़ी बन जायेगी कोई बात नहीं। वो बर्तनों में वही चम्मच नहीं लगायेंगे। मैं उनको बोल दूँगा।'' फिर मैंने पूछा, ''तुम्हें ईसाई के घर का खाना खाने में कोई ऐतराज़ तो नहीं है।'' तब चंदा

एकदम चुप हो गई। यानी नॉनवेज एक बहाना था। नॉनवेज तो हमेशा हमारे घर में बनता रहा है। मैंने कहा, ''यह सब नहीं चलेगा मेरे साथ। मैं तो किसी के भी घर जाकर खाना खाता हूँ।'' उस समय ये कुछ नहीं बोलीं। बाद में मुझे पता चला कि इनके परिवार में मुसलमानों और ईसाइयों के घर पर बना खाना नहीं खाया जाता था। मैं सुबह-सुबह ईसाई परिवार के घर गया और दरवाज़ा खटखटाया, उनकी मिसेज़ बाहर आईं, ''अरे! भाई साहब क्या बात है?'' कहने लगीं कि प्रोगाम में कोई चेन्ज तो नहीं हो गया? मैंने कहा कि कोई चेन्ज़ नहीं हुआ, सिर्फ़ एक ही चीज़ है कि चंदा शाकाहारी हैं। तो कहने लगीं कि अरे, हमें पता है, यूपी की सारी लड़कियाँ शाकाहारी होती हैं। मैंने कहा कि आप उनके लिए अलग से खाना बनाइयेगा। एक बात और ध्यान में रखना, चम्मच मटन में और सब्ज़ी में एक ही मत डालना। उन्होंने कहा कि अरे ठीक है, यह देख लेंगे चिन्ता मत करो, उनको लेकर आना बस। इन्होंने वहाँ पर खाना खाया, इतना अच्छा लगा कि पूछिए मत। वे लोग केरल के ईसाई थे। इतना बढ़िया खाना बनाया कि चंदा खाना खाकर गद्गद हो गईं और उस परिवार से आखिर तक जुड़ी रहीं। फिर उन्होंने कभी नहीं कहा कि किसी के घर नहीं जाना। ये चीज़ें मैंने तोड़ी हैं। इनकी माँ का भ्रम भी ऐसे ही तोड़ा था। जब मैं देहरादून आ गया था तो सास-ससुर को दोनों समय का खाना हमारे ही घर से जाता था। वे लोग अकेले रहते थे, हमारे साथ आकर नहीं रहे। मैं सुबह खाना देकर ऑफ़िस जाता था और रात का खाना ऑफ़िस से आने के बाद। इसी चक्कर में मेरा थियेटर छूटा। एक रोज़ क्या हुआ कि मुझे किसी कार्यक्रम के लिए देहरादून से बाहर जाना था और मैं दो दिन के बाद लौटा। शाम को मैंने सोचा कि उनका हालचाल पूछता हुआ जाता हूँ, ठीक हैं कि नहीं। ये बात है, साढ़े आठ या पौने नौ बजे रात की। वहाँ आकर देखा तो लाइट जल रही है। वे लोग सोये नहीं हैं अभी तक, जबकि इस समय तक वे सो जाते हैं और दरवाज़ा खुला हुआ था। मैं गया तो मैंने कहा, ''क्या बात है आज अब तक जाग रहे हैं?'' पहला सवाल मेरे ससुर ने पूछा कि लड़की की तबीयत तो ठीक है? मैंने पूछा, ''क्यों, क्या हुआ? खाना नहीं आया। मैं तो बाहर गया हुआ था, कब से नहीं आया खाना?'' तो चुप हो गये। ''नहीं, नहीं कोई बात नहीं।'' मतलब दो दिन से खाना नहीं आया, मेरे निकलते ही पत्नी को बुखार हो गया और खाना भेज नहीं पाई। खाना बना के रखा हुआ है, एक समय का, और कोई आया भी नहीं जिसके हाथ भेज सके।

मकान मालिक का लड़का भी कभी-कभी खाना दे आता था, वह भी घर में नहीं था। दो दिन से खाना नहीं आया था, दो दिन कैसे गुज़ारे होंगे, मैं सोच सकता हूँ। मैंने घर में उनकी रसोई की अलमारी देखी उसमें भी कुछ नहीं था खाने को। बस मैं समझ गया कि खाना नहीं आया, मैंने बैग वहीं रखा और निकला। उन दिनों देहरादून में नौ बजे होटल बंद हो जाते थे, खाना नहीं मिलता था, नौ बजे के बाद। जहाँ-जहाँ होटल थे मैं गया, पैदल ही। ढूँढ़ के थक गया, कहीं खाना नहीं मिला। फिर मुझे याद आया कि एक ऐनामुल्ला बिल्डिंग है, वहाँ बहुत सारे होटल हैं, सारे होटल मुस्लिम लोगों के हैं। वहाँ गया, वे खुले हुए थे। एक होटलवाले से मैंने पूछा, ''भैया सब्ज़ी वगैरह बनाते हो ?'' वह बोला कि हाँ। मैंने पूछा कि क्या-क्या है ? तो बोला कि दाल है, गोभी है और बहुत सारी चीज़ें हैं। मैंने पूछा कि एक चीज़ और बताओ नॉनवेज भी बनाते हो ? तो बोला कि हाँ। तब मैंने पूछा कि चम्मच वगैरह सब्ज़ी और मटन के लिए अलग-अलग हैं या एक ही है ? तो वह बोला कि नहीं, साहब क्या बात कर रहे हैं, हमारे यहाँ पर तो दोनों तरह के लोग खाना खाने के लिए आते हैं। आप देखिए, हर एक बर्तन में अलग-अलग चम्मच है। मैं बोला, ''सब्ज़ी का बर्तन खोल के दिखाओ।'' उसने दिखाया। उसमें से अच्छी खुशबू आ रही थी। मैंने कहा, ''आठ-दस रोटियाँ बना दो और सब्ज़ी के साथ बाँध कर दे दो।'' उसने फटाफट रोटियाँ बना दीं और सब्ज़ी के साथ बाँध कर दे दीं। आकर जब उनको खाना खिलाया तो वे बहुत खुश हुए। आलू-गोभी की सब्ज़ी बहुत ही स्वादिष्ट लगी। मेरी सास बोलीं कि आज तो सब्ज़ी अच्छी बनी है। ससुर बोले कि ये लड़की के हाथ की तो रोटी है नहीं। मैंने कहा, ''होटल से लाया हूँ।'' यह नहीं बताया कि कहाँ से लाया हूँ जबकि ऐनामुल्ला बिल्डिंग से लाया था। मैंने कहा, ''अभी मैं घर गया कहाँ हूँ।'' मैंने उन दोनों को पेट भर खाना खिलाया और जो बच गया उसे सुबह के लिए रख दिया। सब्ज़ी को पानी के बर्तन में रख के, उस पर एक ढक्कन लगा के रख दिया। मैं जब घर पहुँचा चंदा बीमार थी, पूछा, ''कब से खाना नहीं गया है वहाँ पर, वे दोनों भूखे बैठे हुए थे।'' फिर मैंने कहा, ''एक गड़बड़ मुझसे हो गई है, मैंने उनको मुसलमान व्यक्ति के होटल का खाना खिला दिया है।'' चंदा कहने लगी, ''अब तो आफ़त होने वाली है।'' अगले दिन जब हम वहाँ पहुँचे तो सास ने कहा, ''अरे क्या सब्ज़ी लाया था लड़का, बहुत स्वादिष्ट थी।'' इधर चंदा ने हँसना शुरू कर दिया था। उधर वे तारीफ़ कर रही हैं। मैंने

कहा कि क्यों हँस रही हो ? अरे अभी भेद खुलेगा तब पता चलेगा। मैंने कहा कि अम्मा एक गलती हो गई, मुझे पता नहीं था, कल मुसलमान व्यक्ति के होटल से खाना लाया था। तब वे आ...आ करने लगीं। मैंने उनको समझाया कि तुम लोग एक अच्छी चीज़ से वंचित थे। वे लोग इतनी बढ़िया सब्ज़ी बनाते हैं, इतना अच्छा खाना बनाते हैं, उसे आप मिस कर रहे थे। तुमसे भी तो लोग नफ़रत करते हैं, तुम्हारे मकान मालिक तुम्हारे हाथ का नहीं खाते हैं और तुम उनके घर का नहीं खाती हो। जब तुम अपने घर का बना हुआ कुछ लेकर जाती हो तो वे लेती नहीं हैं, तब तुम्हें बुरा लगता है ना ? ऐसे उन लोगों को भी बुरा लगता होगा। वो भी इन्सान हैं, तुम भी इन्सान हो। फिर एक-दूसरे में भेदभाव क्यों हैं ? तुम ये सोचती होगी कि वे लोग मांसाहारी हैं, लेकिन बिलकुल ऐसा नहीं है। सब तरह के लोग होते हैं। वे लोग अगर भैंस का गोश्त भी बनाते होंगे तो उसके बर्तन अलग होंगे। क्यों ऐसा सोचती हो ? वह चुप हो गई। एक दिन वे अपनी मर्ज़ी से बोलीं, ''बेटा उस दिन वाली सब्ज़ी फिर लेकर आना।'' मैंने कहा कि ठीक है, अभी ले आता हूँ। मैं गया और होटलवाले से पूछा कि क्या आलू गोभी की सब्ज़ी बनाई है ? तुम्हारी सब्ज़ी बहुत पसंद आई। वह बोला कि हाँ, सर बनी है। मैंने कहा कि सब्ज़ी दे दो और कुछ रोटी भी दे देना। लाकर मैंने उनको खाना खिलाया, बड़े आराम से उन्होंने खाया। इस तरह से उनका भ्रम टूटा। फिर कभी उन्होंने यह नहीं कहा कि मुसलमान के होटल का खाना क्यों लाये हो। क्योंकि उनको जानकारी नहीं है। चंदा ने कहा, ''तुमने तो बड़े आराम से उनको समझा दिया।'' मैंने कहा, ''यही तो तरीका है समझाने का। अगर उनको चिढ़ा के बोलते तो वे नाराज़ होते, यह अचानक हुआ था तो उनको यह समझ में आ गया।'' अब वे लोग कभी मना नहीं करते हैं। एक दिन मैं उन होटलों के सामने से ही निकल रहा था तो वहाँ पर कोई स्पेशल चीज़ बन रही थी, मुझे उसकी खुशबू आ रही थी। मैंने पूछा, ''अम्मा लेकर आऊँ कुछ खास चीज़ बन रही है।'' कबाब बन रहे थे। मैंने होटलवाले से पूछा कि कबाब छोटे के बन रहे हैं या बड़े के। वह बोला, ''नहीं सर ये बकरे के हैं और बड़े के उधर बन रहे हैं।'' मैंने कहा कि मुझे ये दे दो, अम्मा से कहा कि लो पकड़ो अब घर जाकर खाएँगे। घर जाकर खाने के बाद अम्मा ने कहा कि बेटा मुझे तो पता ही नहीं था कि इन दुकानों पर इतनी अच्छी-अच्छी चीज़ें बनती हैं। मेरे जीवन में इस तरह की बहुत सारी घटनाएँ हुई हैं।

इसका मतलब यह है कि समाज में लोगों के बीच संवादहीनता है, जिसमें हम लोग एक-दूसरे की बात को, भावनाओं को समझ नहीं पाते हैं।

हाँ, संवादहीनता है, संवादहीनता जब टूटती है, तो सब ठीक होने लगता है। मैंने अपने जीवन में इस तरह की चीज़ों को बिलकुल आने नहीं दिया है। कोई भेदभाव नहीं किसी से। आपने कभी ध्यान दिया है कि जो जितना गरीब है वह उतना अस्वच्छ रहता है। उसके पास सुविधाएँ नहीं हैं, जगह नहीं है इसलिए वे अस्वच्छ हैं। दूसरी तरफ़ जिनके पास पैसा है, सब कुछ है, वह स्वच्छ खुद नहीं रह रहा है, दूसरों से सफ़ाई करवा रहा है। उसके घर में सफ़ाई करने वाली महिला आती है, कपड़े धोने वाला अलग व्यक्ति आता है, खाना बनाने वाला अलग व्यक्ति आता है। उसकी गाड़ी को कोई और साफ़ करता है। खुद नहीं कर रहा है। जो गरीब आदमी है उसको तो अपनी गरीबी से मुक्त होने का समय नहीं है। वह अगर थका हुआ आये तो क्या कर सकता है, उसके घर इतनी कम जगह है कि वह चीज़ों को रख ही नहीं सकता है।

❑❑❑